현대신서
304

아이들에게 들려주는
이슬람 이야기

타하르 벤 젤룬

김교신 옮김

東文選

아이들에게 들려주는 이슬람 이야기

Tahar Ben Jelloun
L'Islam expliqué aux enfants

© Editions du Seuil, 2002

All rights reserved
This edition was published by arrangement
with Editions du Seuil, Paris
through Korea Copyright Center, Seoul

차 례

아이들에게 들려주는 9·11 테러 이야기
7

둘째 날
15

셋째 날
27

넷째 날
39

다섯째 날
47

여섯째 날
55

일곱째 날
67

여덟째 날
77

아홉째 날
85

아이들에게 들려주는 9·11 테러 이야기
이스멘에게 바친다

2001년 9월 11일, 미국에서 발생한 비극의 영상들은 우리 아이들에게도 피해를 입혔다. 아이들은 여기저기에서 테러리스트들에 관한 소식과, 그들이 아랍의 이슬람 세계 사람들이라는 이야기를 듣고서 걱정스러운 듯 불안해했다.

그러다가 내 아이들 중 하나(열 살이 채 안 되었다)가 이런 질문을 했다.

"아빠, 저는 모슬렘(이슬람교도)인가요?"

"그래, 그것은 아빠 엄마도 마찬가지란다."

"그리고 아랍인이기도 한 건가요?"

"그래, 비록 아랍어는 못하지만 그렇더라도 넌 아랍인이지."

"하지만 아빠도 텔레비전에서 보았듯이 모슬렘들은 나

쁘고, 또 많은 사람들을 죽였어요. 전 모슬렘이 되고 싶지 않아요."

"그래서 지금부터 어떻게 할 거니?"

"이제부터는 학교 식당에서 주는 돼지고기를 거절하지 않고 먹을 거예요."

"네가 원한다면 그렇게 하렴. 하지만 모슬렘이 되기를 포기하기 전에 네게 몇 가지 설명을 해주어야겠구나. 네가 말하는 그 나쁜 사람들은 참다운 모슬렘이 아니란다. 게다가 나쁜 사람들은 어디에나 존재하지."

"그렇긴 하지만 그들 모두 아랍인들이라고 하던걸요……."

"모든 사람들을 다 똑같이 여기면 안 되지. 아랍인이라고 해서 모두가 모슬렘인 것은 아니야. 레바논·이집트·팔레스타인·수단 등지에는 기독교를 믿는 아랍인들도 있거든……."

"긴 수염을 늘어뜨린 어떤 노인이 우리 할아버지처럼 기도를 한 뒤, 권총을 집어들어 성화(聖畵)들을 향해 총을 쏘았어요. 그 사람은 모슬렘인가요?"

"할아버지처럼 기도를 했다면 아마도 그럴 게다."

"그런 짓을 저지른 사람들은 왜 참다운 모슬렘이 아니죠?"

"유대인들과 기독교인들이 믿는 하나님처럼 알라도 자

기 자신을 죽이는 것, 우리가 자살이라고 일컫는 것을 금하고 있단다. 그리고 다른 사람을 죽이는 것 또한 금하지. 그러니까 비행기에 올라 칼로 조종사들을 죽이고, 뉴욕의 높은 빌딩들 쪽으로 기수를 돌린 이들은 이슬람교에 대해서 무지한 광신자들인 거야."

"광신자란 어떤 거지요?"

"광신자는 자기가 항상 옳다고 여기며 가장 힘센 자가 되고 싶어하는 사람이란다. 만일 누군가가 그에게 동의하지 않으면 매우 사나워지지."

"미국이 그들의 의견에 동의하지 않아서 비행기를 빌딩에 충돌시킨 건가요?"

"그래서는 안 되는 거였어. 우리는 그들에게 동의할 수가 없어. 그들은 끔찍한 짓을 저질렀어. 아무도 그들의 행동을 용납할 수 없을 거야."

"미국이 그들에게 어떻게 했기에, 그들이 그토록 잔인한 짓을 저지른 거죠?"

"미국, 더 정확히 말해 미국 정부는 많은 실수와 불의를 저질렀어. 미국은 10년 전부터 이라크 국민의 머리 위로 폭탄을 떨어뜨리고 있어. 이라크의 많은 아이들이 이 폭격으로 죽어갔지. 1991년 이라크군이 이웃 나라 쿠웨이트를 침공했어. 미국과 다른 나라들이 개입해서 무력으로 이라크군을 쿠웨이트에서 몰아냈지. 그리고 나서 이라크는 유엔에 의해 벌을 받았지. 하지만 실질적으로 벌을 받은 것은 그 나라의 우두머리가 아니라 국민들이었어. 이건 복잡한 문제란다. 네가 생각하는 것처럼 간단하지가 않아. 미국은 강대국이고, 그래서 미국 자신이 정의를 지키기 위해 노력해야 한다고 생각하는 건 특히 더 그래. 다시 말해 아무것도 이 학살을 정당화하지는 못해."

"하지만 이라크인들이 미국을 공격했잖아요?"

"아니, 미국을 공격한 것은 그 자신이 아랍인이며 모슬렘이라고 말하는 자들이야. 나는 그러한 자들을 미치광이라고 생각한단다."

"그들이 왜 미치광이인 거죠?"

"그자들은 어릴 적 코란 학교에서 알라께서 이슬람교의 적들을 죽이라고 명령하였으며, 그렇게 하면 그 보상으로 알라께서 자기들을 천국으로 데려간다고 배웠지."

"천국에 가려면 사람을 죽여야 한다니 이해할 수가 없는데요."

"물론 그렇지 않지! 하지만 그들은 그렇게 배웠거든."

"그러면 그렇게 믿고 있나요? 어떻게 해서 그렇게 믿게 되었는지 말씀해 주세요……."

"같은 말을 여러 번 반복해서 들으면 그렇게 된단다. 전투에서 죽은 군인들을 예로 들면서 '신의 길 안에서 죽은 사람들에 대해 그들이 죽었다고 말하지 마라! 아니다!

……그들은 살아 있다……' (2장 154절)라는 《코란》의 구절을 인용하는 거지. 그들은 결국 수없이 반복해 들은 그 말을 믿게 되는 거야."

"하지만 그들은 아주 나빠요. 자기가 천국에 가려고 다른 사람들을 죽이다니!"

"그건 거짓말이란다."

"그럼 우두머리들은 그들에게 왜 그렇게 말하는 거죠?"

"왜냐하면 그들은 그들처럼 생각지 않는 사람들을 상대로 전쟁을 하고 있기 때문이지. 그들은 삶을 사랑하지 않아. 그렇기 때문에 최대한 많은 사망자를 낼 수만 있다면 자기들의 목숨을 희생해도 좋다고 생각하는 거야. 그들은 테러리스트란다."

"아빠, **테러리스트**가 뭐예요?"

"'테러리스트'란 말 속에는 '테러'란 말이 들어 있는데, 그것은 매우 커다란 공포, 집단적 불안, 극심한 두려움, 우리를 떨게 만들고 겁에 질리게 만드는 어떤 것이야. 끔찍한 거지."

"천국에 가고 싶은 사람들이 왜 혼자서 떠나려 들지 않는지 알 수가 없네요. 왜 그들은 사람을 죽이고, 또 죽이지 않은 사람들은 공포에 떨게 만드는 거죠?"

"애야, 그건 나도 모르겠구나. 배운 것도 많으며, 세계 각지를 돌아다니고, 미국의 자유와 안락함을 누렸던 젊은

이들이 어떻게 어느 날 갑자기 자신의 목숨을 희생시키면서까지 학살을 결심하는지 도저히 이해가 되지 않는구나. 그들은 이슬람의 이름으로 그런 짓을 저지른단다. 따라서 가족과 이슬람교, 그리고 모슬렘들이 피해를 입고 있어. 그들의 뒤에 있는 것은 더 이상 종교가 아니야. 왜냐하면 어떤 종교도 죄 없는 사람들을 죽이라고 부추기지 않으며, 이슬람교의 의미는 '평화를 따르는 것'이지 '죄 없는 사람들을 죽이는 것'이 아니기 때문이야. 너나 내가 이해할 수 없으니 그건 결국 하나의 광기에 불과할 뿐이야."

"아빠는 어렸을 적부터 자신이 모슬렘이라는 것을 알고 있었나요?"

"그렇단다. 집에서 어머니 아버지가 기도하는 모습을 언제든 볼 수가 있었거든."

"아빠는요?"

"나도 기도했지. 하지만 나는 게을렀어. 아침 일찍 일어나 얼음같이 찬물로 단장해야 하는 겨울에는 특히 더 그랬지. 왜냐하면 기도하기 전에는 몸을 씻는 것이 의무거든. 목욕재계라고 하는 것이 그것이란다."

"그럼 아빠는 씻지를 않았나요?"

"씻었지. 하지만 아버지께서는 내가 몸에 물만 묻힌다는 것, 그리고 아주 차가운 물을 좋아하지 않는다는 걸 눈치채셨어."

"뭐라고 하셨는데요?"

"어느 날 아버지께서 형과 나를 부르시더니 이렇게 말씀하셨어. '얘들아, 너희들은 이슬람 안에서 태어났으니 네 부모와 신에게 복종해야 한다. 원칙적으로 너희들은 하루에 다섯 번 기도해야 하고, 라마단의 금식을 지켜야 한다. 이슬람교에 강제는 없다. 그 누구도 너희들에게 기도하라고 강요할 권리는 없다. 그럴 권리는 신에게도, 너희들의 아버지인 나에게도 없어. 속담에도 있잖니, 최후의 심판날에 모든 양들은 자기 다리에 걸려 넘어질 것이다. 그러니 너희들은 자유롭다. 나는 너희들이 스스로 생각하도록 내버려두겠다. 원칙은 도둑질하지 않는 것, 거짓말하지 않는 것, 약한 사람과 병든 사람을 때리지 않는 것, 부정을 저지르지 않는 것, 아무것도 가진 것이 없는 사람에게 창피를 주지 않는 것, 부모를 구박하지 않는 것, 특히 불의를 저지르지 않는 것이란다. 자, 내가 할 말은 끝났다. 이제는 너희들이 판단할 일만 남았다. 나는 내 의무를 다하였다. 의젓한 아들들이 되는 것은 너희들에게 달렸다'고 말이야."

"그래서요?"

"나는 매일 아침 아버지의 손에 입을 맞췄어. 그리고 나 자신이 자유롭다는 걸 느꼈지. 엄격한 규율로 이슬람의 교칙과 법을 지키지 않고도 모슬렘이 될 수 있다는 걸 알았던 거야. 코란 학교 선생님께서 우리에게 하셨던 말씀도 기억나. 그분은 '신은 자비롭다!'고 하셨어. 또 '너무나도 자비로우신 신을 찬양하라'는 말씀도 되풀이하셨어. 다시 말해 신은 용서할 줄 아신다는 거지."

"그래서 아빠는 기도를 하나요, 안하나요?"

"그건 해서는 안 되는 질문이야. 그런 종류의 질문에는 대답조차도 해서는 안 돼. 왜냐하면 그건 개인의 자유에 속하기 때문이지. 내가 기도하는 것은 나하고만 관계된 일이야. 내가 기도하는 것은 내가 훌륭한 모슬렘이라는 것을 사람들에게 보이기 위해서가 아니야. 어떤 사람들은 남들의 눈에 띄기 위해 사원에 가지만, 대부분의 사람들은 신자로서의 의무를 충실히 수행하기 위해 사원에 가지."

"아빠, 무서워요. 잠이 안 와요."

"걱정하지 마라."

"사람들이 그러는데 전쟁이 일어날 거래요."

"무슨 전쟁?"

"저도 몰라요. 학교에서도 선생님들이 조심하라고 말씀하셨어요. 만일 후미진 길모퉁이에서 주인 모를 가방을 발견하면 선생님을 부르랬어요. 이유는 모르겠지만 무서워요."

"걱정하지 마라. 그래도 인생은 아름다운 거니까!"

둘째 날

나는 열 살부터 열다섯 살 사이의 아이들과 함께한 이 토론을 계속하면 어떤 효과를 낳을까 상상했다.

나는 아이들이 궁금해하고 걱정하며 초조해하고 있음을 간파했다. 그래서 나는 모슬렘으로 태어난 나의 아이들과 나라, 혈통, 종교, 언어, 심지어 그들의 기대가 어떤 것이든 상관없이 모든 아이들에게 이슬람교와 아랍 문화 이야기를 들려주기로 마음먹었다. 이것은 특히 설교나 변호가 아니다. 나는 아이들을 설득하려는 것이 아니다. 다만 예언자가 된 한 인간의 이야기, 인류에게 그토록 많은 것을 가져다준 한 종교와 문화의 이야기를 가장 객관적으로, 가장 쉽게 들려주려는 것이다. 나는 《코란》(이슬람교 경전)을 다시 읽고 전문가들의 책을 뒤지고, 《이슬람교 백과사전》을 찾아보고 15세기의 역사를 몇 페이지로 정리함으로써 오늘날 벌어지고 있는 일들에 대하여 아이들의 이해를 돕고자 했다.

"아빠, 전 아직도 이슬람교가 뭔지 잘 모르겠어요. 전 모슬렘으로 태어났어요. 근데 그게 무슨 의미가 있죠?"

"나는 이 기회를 통해 너를 비롯해 이에 관해 알고 싶어 하는 모든 아이들에게 말해 주기로 했단다. 이제부터 너희들에게 이 종교의 역사를 하나의 이야기처럼 들려줄 생각이야."

아주 오래전, 1430년도 더 전인 서기 570년경, 아라비아 사막의 한 도시인 메카에서 한 남자아이가 태어났단다. 이름은 마호메트였어. 아이는 자신이 태어나기도 전에 죽은 아버지가 누구인지 알지 못했지. 아이는 학교에 가지 않았단다. 읽을 줄도 쓸 줄도 모르는 채 자랐어. 사람들은 가축 방목과 장사로 먹고 살았단다. 장사는 이 마을에서 저 마을로 온 나라를 돌아다니는 대상(隊商)들에 의해 행해졌어. 메카는 중요한 상업 중심지였지. 북쪽, 동쪽, 또는 남쪽에서 온 카라반들이 메카를 지나쳤어. 메카에서 멀지 않은 곳에 항구 도시 제다(Djeddah)가 있었단다.

"그 지역의 주민들을 뭐라고 부르죠?"

"아랍인들이라고 부르지. 거기에는 베두인족이 있었고 대상들, 유목민들도 있었어. 그들은 천막에서 살았단다."

"베두인족이 뭐예요?"

"아랍에 맨 처음 살았던 사람들이란다. 이 말에는 바다 아(bada'a)라는 아랍어 동사가 들어 있는데 그것은 '나타나다'라는 뜻이야. 베두인족은 최초의 주민이었어. 그들은 사막이나 들판에서 살았지."

"그럼 '유목민'은 뭐예요?"

"일정한 거처 없이 이리저리 옮겨 다니는 사람들을 말해. 바로 베두인족이 방목지와 샘물을 찾아 항상 떠돌아다니던 작은 집단 공동체들이었단다. 그들은 낙타를 타고 이동했지."

"아기 마호메트가 태어났을 때 그 어머니는 뭘 했나요?"

"어머니의 이름은 아미나였는데 그녀 역시 마호메트가 어릴 적, 여섯 살도 안 됐을 때 죽었단다. 그래서 마호메트는 아주 일찍 고아가 됐지. 할리마라는 유모가 마호메트를 키웠단다. 마호메트의 교육을 전담한 건 할아버지였어. 마호메트는 삼촌들과 함께 메카에서 자랐지. 삼촌들은 카아바의 문지기였어. 카아바는 신이 사랑하신 예언자 아브라함이 발을 얹었다는 '검은 돌'이라는 이름의 유명한 돌을 보관하는 입방체 건물이야. 검은 돌은 신성한 돌이었지. 아랍 사람들은 이 돌을 만져보기 위해 1년에 한 번씩 메카를 방문했지. 그게 순례라는 거야. 그런데 이 지역에는 기독교도들과 유대교도들, 즉 유일신을 믿는 베두인족이 살고 있었어. 유대교라고 불리는 유대인들의 종교는 5,762년 전부터 존재했고 기독교는 2001년 전부터 존재해 왔단다. 당시 이 지역의 인구는 그리 많지 않았어. 그들을 제외한 다른 사람들은 동상·돌 같은 것을 숭배했는데, 우리는 그것을 '우상'이라고 부르지. 카아바에는 3백60개의 우상이 있었다고 해. 모든 아랍인들이 우상을 숭배했던 것은 아니야. 그들 중 일부가 빛의 힘, 바람의 힘, 그들보다 앞서 산 조상들의 추억을 믿었던 거야."

"마호메트는 무슨 일을 했나요?"

"갓난아기 때는 유모가 키웠고 그 다음에는 삼촌 아브 탈리브와 함께 살았지. 삼촌은 가난하지만 매우 정직하고 착한 사람이었어. 마호메트는 삼촌을 아버지처럼 생각했어. 그는 삼촌으로부터 정직·성실·선함을 배웠어. 마호메트는 스물다섯 살이 되던 해 돈 많은 과부 하디자 밑에서 일을 하게 됐어. 하디자는 마호메트보다 나이가 많았어. 마흔 살이었으니까. 그녀는 많은 대상들을 소유하고 있었어. 마호메트는 하디자와 결혼했어. 그들은 아들 셋과 딸 넷을 낳았지. 불행하게도 아들들은 모두 오래 살지 못했지."

"마호메트는 왜 자기보다 나이 많은 여자와 결혼했죠?"

"그게 운명이니까. 하디자는 대상들을 갖고 있었는데 청년 마호메트에게 점점 더 많은 일을 맡기게 됐어. 어느 날, 하디자가 마호메트에게 하인 이상이 되어달라고 제안했고 그는 그걸 받아들인 거야."

"마호메트는 자신을 키워 준 삼촌과 여전히 가까웠나요?"

"그렇단다. 서기 600년경 태어난 아브 탈리브의 아들 알리는 마호메트와 아주 친했지. 알리는 사촌이지만 또한 친구이기도 했어. 훗날 알리는 마호메트가 죽을 때 매우 중요한 역할을 하게 된단다."

"마호메트는 어떻게 한 종교의 우두머리가 됐나요?"

"그도 미리 그것을 알고 있었던 것은 아니야. 그는 신중하고 감수성이 뛰어난 사람이었어. 그는 자신이 남들과는 다르다는 것을 느끼고 있었던 것 같아. 그는 틈만 나면 메카 주변에 있는 산들에 올라 동굴에 칩거한 채 삶·자연·선과 악에 대해 깊이 생각해 보곤 했어. 명상을 했던 거지.

"'명상'이 뭐예요?"

"명상이란 인생의 의미를 찾기 위해 깊이 생각해 보는 것을 말해. 옛날에 이 말은 '환자를 치료하는 것'을 의미했단다. 마호메트는 침묵과 고독 속에서 삶의 치료약을 찾았을 거야. 어떤 사람은 가난하고 다른 사람은 부유하고, 어떤 사람은 건강하고 다른 사람은 약하고 아픈 것이 삶이잖니."

"그럼 마호메트는 불행한 사람들을 위해 무슨 일을 했어요?"

"그는 그들을 덜 불행하게 만들 수 있는 방법을 생각하고 찾았어. 어느 날, 아니 어느 밤이라고 해야 맞겠지. 그가 히라 산의 한 동굴에 있을 때, 그는 어떤 환영을 보았어. 다시 말해 매우 눈부시고 아름다운 빛을 바로 앞에서 본 거야. 큰 천사가 나타나 그에게 계시된 신의 말씀을 '읽어라'라고 말했지. 그러나 당시 마흔 살에 접어들었던 마호메트는 이렇게 대답했어. '난 읽을 줄 몰라요!' 그는 학교에 다니지 않았기 때문에 읽을 줄도 쓸 줄도 모른다는 걸 잊지 마라. 그러자 가브리엘 천사는 자기 말을 따라하도록 지시했지. '창조주이신 너의 주님의 이름으로 읽어라! 그분은 점액으로부터 인간을 창조하셨다. 읽어라. 왜냐하면 너의 주님은 매우 너그러우시기 때문이다. 그분은 칼람을 사용해 인간을 교육했고 인간이 모르는 것을 가르쳐 주셨다.' 마호메트는 감동으로 온몸을 떨며 가브리엘 천사가 하는 말을 따라했어."

"**점액**이 뭐예요?"

"아랍어로 알라크, 즉 끈적끈적한 물질을 말해. 개중에는 이 단어를 '핏덩이'로 번역하는 사람도 있단다. 사실 그것은 정자에 의해 형성된 끈적끈적한 액체를 가리키는 거야. 우리는 그것을 '정액'이라고 부르지. 인류가 번성할 수 있는 것도 정자 덕택이야."

"'칼람'은 뭐예요?"

"필기도구인 연필이나 펜을 만들 때 쓰는 갈대란다."

"천사의 방문 이후 무슨 일이 벌어졌나요? 마호메트는 두려워했나요?"

"무척 불안해했지. 마호메트는 순박했지만 총명했고, 사탄이 쳐 놓은 함정에 빠질까봐 두려웠어. 그래서 집에 돌아와서는 아내 하디자에게 그 이야기를 털어놓았지. 하디자는 메카에 사는 기독교학자 와라카 이븐 나우팔을 찾아가 그 일에 대한 의견을 청하고 조언을 부탁했지. 지혜롭고 학식 깊은 이 남자는 그녀에게 마호메트가 우리가 기다리던 예언자라고 말했어. 신께서 인류에게 전달자를 보내셨는데 이 사람이 아마도 마지막 전달자가 될 것이며, 그는 눈부신 빛이 그에게 가르쳐 준 것을 동포들에게 말하고 가르쳐 줄 사람이라는 거였어."

"왜 신은 사람들에게 직접 말하지 않죠?"

"그분은 순박하고 착한 사람을 택하셔서 당신의 메시지를 전달하고, 그 사람으로 하여금 동포들에게 그 말을 퍼트리게 하는 편을 더 좋아하시지. 마호메트는 그 눈부시고 찬란한 빛 덕에 계시를 얻게 된 거야."

"계시가 뭔데요?"

"뭔가가 나타나서 분명해지는 거야. 이를테면 우리가 진리를 찾고 있는데 그것이 나타날 때 우리는 '진리가 드러났다'고 하지. 마호메트는 신의 말씀을 알리게 된 거야.

그의 동료와 친구들이 여러 해 동안 그것을 모아서 한 권의 책을 만들었는데, 그것이 모슬렘들의 책인 《코란》이야."

"'코란'이란 말은 무엇을 의미하죠?"

"그 말은 아랍어 카라카(qaraqa)에서 왔는데 '읽다, 낭송하다'라는 뜻이지. 23년 동안 마호메트는 이 분야에서 한 권뿐인 이 책을 한 문장 한 문장 듣게 되지. 나중에 가서야 절이 되고 그 다음에 수라트, 즉 장이 만들어졌어. 신의 메시지는 항상 가브리엘 천사의 중개를 통해 마호메트에게 전해졌지. 천사는 눈부신 빛의 형태로 그에게 나타났어."

"가브리엘 천사는 마호메트에게 무슨 말을 했죠?"

"신은 하나뿐이며 전능하고 무한히 자비로우시다고 했어. 신의 말씀을 충실히 따라야 하고, 그의 메시지를 믿어야 하며, 사후에 또 다른 생이 있고, 사람은 그의 행위에 따라 심판을 받는다고. 또한 인체의 각 부분은 그가 일생 동안 무슨 일을 했는지를 증명하며, 착하고 정의로운 사람은 천국에 가는 것으로 보상받고 나머지 사람들, 즉 악한 사람들, 비신자들, 범죄자들은 심판 받고 지옥으로 보내어진다고 말했어. 따라서 착한 일을 하고, 나쁜 짓을 피해야 하며, 지혜롭고 믿음이 있는 삶을 강조했지. 특히 돌을 숭배하거나 하느님 이외의 신이 있다고 믿으면 안 된다고 했어."

"하지만 기독교도인 우리 선생님도 똑같은 말씀을 하신

걸요!"

"내가 전에 말한 것과 같이 마호메트의 종교가 나타나기 전에는 2개의 종교가 있었단다. 유대교과 기독교가 그것이지. 둘 다 오직 하나뿐인 신을 숭배하지. 그 종교들에도 예언자들이 있어. 모세와 예수가 그들이야. 유대교도들, 기독교도들, 모슬렘들은 '신자들과 함께 하나의 공동체'를 형성해야 해. 이슬람교는 이 두 종교와 합류하러 온 거야. 우리는 이 종교들을 일신교들 또는 성서의 종교들이라고 부르지. 유대교도들의 책은 《토라》라 하고 기독교도들의 책은 《성경》이라 하고 모슬렘들의 책은 《코란》이라고 해."

"일신…… 난 그게 무슨 말인지 알아요. 하나뿐이라는 거잖아요!"

"그래, 맞다. 일신교라는 말은 신은 오직 하나뿐이라는 말이야."

"근데 같은 신을 믿는데 모슬렘들과 유대교도들은 왜 전쟁을 하는 거죠?'

"너는 지금 혼동을 하고 있구나. 모슬렘들과 유대교도들은 하나의 땅을 놓고 싸우고 있지만 그건 종교 전쟁이 아니야. 이슬람교는 유대교와 기독교의 예언자들을 인정하고 있거든."

"어떻게 인정하는데요?"

"모슬렘들은 그들의 예언자인 신의 사자(使者) 마호메트를 숭배하고 사랑할 의무도 있지만, 모세와 예수도 똑같이 공경할 의무가 있거든. 이슬람교가 예수가 태어난 지 약 6세기 뒤에 생겼다는 걸 알아두어라. 그러니까 인류의 역사에 등장한 마지막 일신교인 거야."

"기독교도들은 모슬렘들을 어떻게 생각하나요?"

"그건 말하자면 길단다. 다만 1965년 로마 바티칸, 그러니까 교황이 사는 곳에 교회의 주요 인사들의 모여 '이슬람교에도 소중한 가치가 있다'고 인정했다는 것을 알아두거라. 이 모임을 '제2차 바티칸 공의회'라고 부르지."

"마호메트에게 일어난 현상을 왜 이슬람교라고 불렀는지 설명해 주세요."

"'이슬람'이란 말 속에는 '평화'를 뜻하는 살람(salam)이란 말이 들어 있단다. 이슬람은 인간이 평화를 따르는 것, 오직 한 분이신 신, 우리가 순종하고 충성할 의무가 있는 신께 복종하는 것을 의미한단다."

"보이지 않는 누군가에게 어떻게 복종하죠?"

"어릴적 어른들이 말씀하시길 신은 모든 것을 아시며, 모든 것을 듣고 보신다고 했지. 난 어머니께 여쭤봤어. '이렇게 작고 이렇게 연약한 나도 관찰하고 살펴보신다는 말인가요?' 어머니는 이렇게 대답하셨다. '물론이지. 그분은 전능하시기 때문에 너를 보실 수 있단다. 만일 네가 어리석은 행동을 한다면 슬퍼하실 거야.' 어느 날인가 나는 과

자를 훔쳐서는 그걸 먹으려고 큰 상자에 숨어 들어갔단다. 난 이렇게 생각했단다. '신은 나를 보시지 못하겠지!' 근데 과자를 채 씹지도 않고 허겁지겁 먹는 바람에 결국 배가 아프고 말았어."

"만일 아빠가 잘 숨었다면 신도 아빠를 찾지 못하셨을 텐데!"

"그렇지는 않지. 신은 숨겨 놓은 것도 볼 수 있는 능력이 있으시거든."

"나쁜 사람들, 전쟁을 일으키면서 동시에 기도도 하고 자기는 신을 숭배한다고 말하는 사람들, 그들은 거짓말쟁이예요."

"신은 그들을 '위선자'라고 부르셨지. 신은 마호메트에게 위선자에 관해 한 장 전체에 달하는 긴 말씀을 하셨어."

"**위선자**가 무슨 말인지 설명해 주세요."

"두 얼굴을 가진 사람을 말해. 그는 남들에게는 자신이 진리를 말하는 것으로 믿게 하면서 스스로는 진리를 저버리지. 위선자는 배반자이자 거짓말쟁이인 셈이지."

셋째 날

"이슬람교의 탄생에 관한 이야기로 되돌아가자꾸나."

"얘기를 계속하기 전에 알고 싶은 게 있는데 마호메트를 둘러싼 눈부신 빛으로 나타난 그 천사는 어느 나라 말을 했죠?"

"아랍어지."

"그러니까 신은 아랍인이시네요!"

"아니야, 그분은 아랍인도 중국인도 아프리카인도 인도인도 아니야. 신은 모든 이의 신이야. 누구도 제외하지 않아. 그분은 인간을 차별하지 않으셔. 그분의 메시지도 그런 내용이야."

"그렇다며 그분은 왜 영어로 말씀하시지 않았죠? 영어는 거의 모든 사람들이 하는 말이잖아요."

"그분은 그의 사자 마호메트가 사는 나라의 말을 하신

거야. 내가 마호메트는 아라비아에 살았고 아랍어를 했다고 말했지. 그래서 아랍인들은 자기네들의 말이 신의 말이라고 생각했던 거야."

"그 말은 모로코에 사는 우리 할아버지가 쓰시는 말과 같은가요?"

"꼭 그렇지는 않단다. 모로코에서는 이른바 사투리 아랍어를 사용하는데 그건 책에 나오는 아랍어, 고전적인 혹은 문학적인 아랍어와는 다르단다. 하지만 너의 할아버지도 기도하실 땐 고전 아랍어로 된 《코란》의 구절을 암송하시지."

"그럼 아랍인이 아닌 모슬렘들은 어떻게 하나요?"

"그들은 기도를 외어서 하고 그들이 사용하는 모든 어휘를 다 이해하지는 못한 채 기도한단다. 원칙적으로는 기도의 의미를 알고 있지. 아랍어권 나라에 속하지 않은 사람들은 그들의 언어로 번역된 《코란》을 읽는단다."

"마호메트는 사람들이 자신의 말을 믿게 하기 위해 어떻게 했죠?"

"맨 처음엔 아내가 그의 말이 진실이라는 것을 즉시 알아채 주었고, 다음엔 사촌 알리가 그의 말이 옳다고 인정하고 이슬람교로 개종했으며, 그 다음엔 사람들로부터 많은 존경을 받던 그의 친구 아브 바크르, 양자 자이드, 아브 바크르의 흑인 하인인 빌랄이 개종했어. 빌랄은 노예였단다. 마호메트는 그를 해방시켜 주었어. 자유를 돌려준 거지. 왜냐하면 빌랄은 무척 아름다운 목소리를 갖고 있었기 때문에 하루 다섯번씩 기도 시간을 알리는 일을 맡게 됐거든. 그는 이슬람교의 첫번째 **무에진**〔이슬람교 사원 첨탑에서 기도 시간을 알리는 승려〕이야. 이후 몇 년을 더 기다리고 투쟁을 벌인 다음에야 그의 가문 사람들이 그에게 합류하게 돼."

"그때는 노예가 있었나요?"

"그렇단다. 노예 제도는 모든 사회에 존재했단다. 마호메트는 빌랄을 해방시킴으로써 모범을 보였고, 그것은 노예를 데리고 있는 모든 사람이 그렇게 하기를 바라는 마음의 표현이었어. 불행히도 사람들은 그를 따르지 않았지."

"사람들이 그의 말에 동의하지 않았나요?"

"그래, 모든 사람이 동의한 것은 아니야. 그는 심지어 자신의 가문 안에서도 반대에 부딪쳤어."

"남을 해치지는 않았겠죠?"

"그럼, 그는 선량한 사람이었지. 하지만 노랫말에도 있듯이 '사람들은 우리가 그들과는 다른 길을 가는 것을 좋아하지 않는단다.'"

"그는 사람들에게 선을 행하고 배반하지 말라고 했잖아요……"

"그래. 하지만 이 계시 이야기 전까지, 마호메트가 신의 사자가 되기 전까지, 아라비아 사람들은 그들이 하고 싶은 대로 했고 굳이 지켜야 할 엄격한 규칙도 없었다는 걸 알아야 해. 게다가 그들은 돌로 만든 동상들을 신이라고 믿고 있었거든. 그런데 어느 날 갑자기 마호메트가 나타나 그들에게 신은 진리이고 정의이며 영(靈)이다, 우리 모두 함께 하나의 도덕, 하나의 영성을 실천해야 한다, 하나의 사물 속에서 유형화되지 않는 신을 숭배해야 한다, 지옥과 천국이 있으며 이 세상의 부는 중요하지 않다, 하루 다섯 번 기도해야 하고 무한히 자비로우신 한 분의 신에 관해 명상하며 그분을 믿어야 한다고 말한 거야."

"사람들은 그의 말을 믿지 않았군요······."

"그래. 금방은 믿지 않았어. 마호메트는 그들의 관습을 뒤엎은 사람이거든. 곧 싸움이 일어났지. 신은 《코란》의 한 절(9장 5절)에서 그들을 책망하셨어. '우상 숭배자들을 발견하면 그곳이 어디이건 그들을 죽여라. 그들을 체포하라, 그들을 포위하라, 매복하여 잡아라. 하지만 만일 그들이 뉘우치며, 기도 안에서 흔들리지 않고, 적선을 베푼다면 그들이 그들의 길을 가도록 내버려두어라. 알라는 참으로 용서하신다. 그분은 관대하시다.'"

"우상 숭배자란 오직 한 분이신 신을 믿지 않는 사람을 말하는 거죠?"

"그건 다신교도이고 우상 숭배자란 여러 가지 신, 돌, 돌로 만든 우상을 믿는 사람을 말하는 거란다."

"마호메트는 어떻게 했나요?"

"마호메트는 무척 힘든 시기를 겪게 된단다. 620년 그는 아내를 비롯하여 양부, 아브 탈리브 삼촌을 잃었다. 그는 자신을 죽이려고 혈안이 된 그의 가문 사람들에 맞서서 혼자 싸워야만 했단다. 그는 아브 바크르, 알리와 함께 메카를 떠났어. 그들은 자신들을 죽이려고 쫓아오는 무장한 사람들을 피하기 위해 한 동굴에 피신했지. 이슬람교에는 다른 두 종교처럼 기적은 없지만 사람들은 이 동굴의 입구가 거미줄로 막혀 마호메트와 그의 두 동료를 보호해 주었다고 전해지지."

"아빠가 왜 거미를 죽이지 말라고 하시는지 이제야 알겠어요! 거미는 신성한 동물이군요!"

"어쨌든 그 거미줄 덕에 예언자는 무사할 수 있었어. 그러고 나서 그는 다른 마을 메디나를 향해 출발했고 거기서는 안전했어. 이해 그러니까 622년부터 이슬람교의 연호가 시작됐어. 사람들은 이해를 '헤지라의 해'라고 부르지. 올해는 헤지라로 1422년이야."

"**헤지라**가 뭔데요?"

"'이주하다'라는 의미의 동사 하자라(hajara)에서 나온 말이야. 다른 도시나 마을로 떠나는 것을 의미하지."

"그러니까 마호메트는 이민자였군요!"

"그렇다. 신의 메시지를 받아들이고 전달하는 일을 계속하려면 그는 도망다녀야 했거든. 이슬람교의 연호가 시작됐지. 역법은 달의 출현을 따랐어. 한 달이 시작되는 정확한 날짜가 언제인가를 절대로 미리 알 수 없는 것도 그 때문이야. 이슬람교는 메디나에서 출발해 차츰차츰 체계를 갖추게 됐고 '이슬람교의 다섯 기둥'이라 불리는 5개의 계명을 만들게 됐지. '기둥'이란 집을 받쳐 주는 기초를 의미한단다."

"**계명**이 뭔데요?"

"규칙·계율·명령이란 뜻이야."

"그럼 이슬람교의 규칙은 어떤 것들이 있나요?"

"이슬람교의 규칙은 다섯 가지가 있단다. 그것을 지킬 때 너는 모슬렘이 되는 거야. 첫번째 규칙은 신앙의 증명을 뜻하는 **샤하드**, 즉 너는 세상에 신은 오직 한 분이신 알라뿐이며 마호메트는 그의 사자라는 생각을 자신의 마음속 깊이 받아들이는 거야. 그리고 다음과 같은 구절을 입으로 시인해야 돼. 이것은 모든 모슬렘들이 죽는 순간에 하는 말이야. 그가 모슬렘이라는 것을 증명하지. 오른손 검지를 들고 이렇게 말해. '나는 알라 이외에 신이 없음을 증언합니다. 나는 또 마호메트가 알라의 사자임을 증언합니다'라고 말이야."

"그 말을 아랍어로 하실 수 있어요?"

"아흐 하두 안나 라 일라하 일라 알라 와 안나 모하메드 라술 알라(Ach hadou anna lâ Illaha illa Allah wa nanna Mohammed Rassoul Allah)."

"죽을 때가 아니라도 그 말을 할 수 있나요?"

"물론이지."

"아빠는 자주 하시나요?"

"가끔 하지."

"그걸 확신하려면 어떻게 해야 하나요?"

"그게 신앙이라는 거야. 다시 말해 네가 확신, 명백함을 갖게 되는 거지. 그렇게 되면 너의 믿음이 틀리다고 아무도 네게 증명할 수 없어. 모슬렘들은 그것을 시인하고 특히 의심하지 않아야 해."

"그걸 아랍어로 말해야 하나요? 아니면 어느 나라 말로 해도 상관없나요?"

"어느 나라 말이냐는 중요하지 않아. 중요한 것은 네가 그 말에 확신이 있느냐 하는 거야."

"내가 확신하지 않는다고 쳐봐요. 그러면 무슨 일이 일어나는데요?"

"너는 모슬렘이 아닌 거야. 그게 다란다."

"두번째 규칙은 뭐죠?"

"**기도**란다. 기도는 하루 다섯 번 해야 한다. 첫번째 기도는 일출의 기도, 두번째 기도는 태양이 천정점에 이르렀을 때 하는 태양의 기도, 세번째 기도는 오후 중간의 기도, 네 번째 기도는 일몰의 기도, 마지막 기도는 밤의 기도란다. 이 모든 기도가 메카를 향해 이루어져야 한다."

"꼭 기도 점호가 떨어졌을 때 기도해야 하나요?"

"원칙적으론 그렇다. 하지만 일할 때, 아플 때는 나중에 해도 돼. 신체적으로 장애가 있는 사람은 마음속으로 할 수도 있지."

"**목욕재계**에 관해서는 이미 말씀해 주셨잖아요. 그런데 왜 그것을 하며, 어떻게 하는 것인지 설명해 주실 수 있어요?"

"기도할 때 우리는 신과 대화하는 것으로 간주된단다. 따라서 정결해야 하는 거지. 목욕재계는 기도 직전에 하는 몸단장이야. 하지만 주의하렴. 목욕재계에는 두 가지가 있단다. 완벽한 목욕재계는 성관계 후에 온몸을 씻는 것을 말하고, 간단한 목욕재계는 얼굴·팔·손·발을 씻는 것을 말한다."

"하루에 다섯 번씩 씻어야 한다면 청결 분야의 챔피언이 되겠네요!"

"네 말이 맞다. 마호메트는 위생은 신앙에서 온다고 말씀하셨어."

"기도할 때는 무슨 내용을 암송하나요?"

"신과 그의 예언자를 찬양하지. 《코란》 제1장을 암송한단다."

"천사가 마호메트에게 '읽어라' 라고 말한 부분이요?"

"아니. 《코란》은 계시된 구절의 순서대로 기록되어 있지 않아. 《코란》은 '파티하,' 즉 '도입부'라 불리는 짧은 장으로 시작된단다. 각각의 기도에서 우리는 예언자 마호메트뿐 아니라 아브라함, 모세, 예수 같은 다른 예언자들도 기리고 찬양하지. 아랍어로는 이브라힘, 무사, 이사라고 부르지만."

"세번째 기둥은 뭐죠?"

"**라마단**의 달 동안 행해야 하는 금식이란다. 모슬렘은 한 달 동안 해가 뜰 때부터 질 때까지 먹고 마시는 것을 금해야 한단다. 그렇게 함으로써 허기와 갈증을 체험하고 유혹에 견딜 수 있는 의지와 삶과 내세에 관해 명상할 수 있는 능력을 시험해 보는 거지. 그것은 또한 명상하고 기도하며 살아가는 동안 자신이 행한 행동을 검토하는 데 몰두하는 기간이기도 해. 아이드 세기르라 불리는 축제가 라마단의 끝을 알리게 되지."

"모든 사람이 먹고 마시기를 멈추어야 하나요?"

"아니. 아직 사춘기가 안된 아이들과 아픈 사람은 금식을 해서는 안 돼. 월경을 하는 여성들도 그렇고."

"다른 기둥은 뭔가요?"

"**자카트**라 부르는 보시란다. 자카트란 신자가 1년 동안 번 돈의 일부를 가난한 사람들, 불쌍한 사람들에게 나누어 주는 것을 말해. 자카트는 남몰래 행해져야지 그것을 자랑하거나 가난한 사람들을 지목해서 그들에게 창피를 주어서는 안 돼. 곤경에 빠진 사람을 도와야 한단다.

다른 기둥, 규칙 또는 계명은 메카를 순례하는 거야. **알 하즈**라고 하지(금전적 혹은 물질적 수단이 없는 사람은 알 하즈를 실행하지 않아도 된단다). 모슬렘은 메카와 메디나까지 가서 예언자 마호메트의 무덤 위에서 묵상하고 카아바 사원 주위를 돌면서 그 유명한 검은 돌을 만져 보려고 애쓴단다. 순례는 매년 아이드 알 아다 때 행해지는데, 아이드 알 아다는 '양의 축제'라는 이름으로 더 알려졌지. 그것은 아브라함의 희생을 기리는 축제란다. 왜 너도 알잖니, 신으로부터 사랑받은 사람, 자신의 아들을 희생시킬 뻔한 사람 말이야. 그런데 신이 그에게 아들 대신 번제할 양을 준비해 주셨잖니. 이건 매우 인기 있는 축제란다. 많은 사람들에게 고기를 먹을 수 있는 기회로 여겨지지."

"돼지고기를 먹지 않는 것은 하나의 규칙인가요?"

"이슬람교에서는 돼지가 우리가 쓰레기에 던지는 모든 찌꺼기를 먹고 자라기 때문에 그 동물의 고기를 먹지 말라고 하는 거야."

"하지만 오늘날 돼지들은 양들처럼 깨끗하게 사육되잖아요."

"그래. 하지만 하나의 종교법을 변경하는 건 상당히 어려운 일이란다. 또 다른 금기는 알코올과 관련된 거야. 발효된 음료수를 마시는 것을 금한 절이 세 번 나오는데, 이것들은 각기 다른 시기에 계시됐지. 술에 취한 사람은 자기 자신에 대한 통제력을 잃어버리지. 그런데 이슬람교에서는 자제력뿐만 아니라 인간의 자유도 같이 주장하고 있는데, 그것이 사람에게 책임감을 갖게 하지."

"알코올을 마시지 않는 게 자유로운 건가요?"

"자유란 인간에게 선택권을 준다는 데 있어. 사람은 술을 마실 수도 있고 끊을 수도 있어. 하지만 만일 그가 술을 마셔서 취하게 되면 그는 자신이 한 행동에 대해 혼자 책임을 져야 해."

"다른 금기 사항은 없나요?"

"있지. 돈을 가지고 도박하는 것, 돈을 가지고 이익을 올리는 거야. 이 금기는 앞의 금기들보다 잘 지켜지지 않아. 사람들이 이 금기를 다른 금기들보다 덜 중요하게 간주하기 때문이야. 여기에 여자 모슬렘은 모슬렘이 아닌 남자와 결혼할 권리가 없다는 사실도 덧붙여야겠지. 그 남자가 이슬람교로 개종하지 않는 한 말이야."

"하지만 남자들은 모슬렘이 아닌 여자들과 결혼할 수 있는 것으로 아는데요!"

"그래. 남자들은 모슬렘이 아닌 여자들과 결혼할 수 있는 권리가 있단다."

"그건 공평하지 못해요."

"그건 성(姓) 때문이야. 자식들은 아버지의 성을 따르거든. 그건 우리 사회가 가장, 즉 한 가정의 우두머리가 권력을 갖는 사회이기 때문에 그런 거야. 그런 걸 가부장 사회라 하지. 따라서 여자는 남자에게 복종하고 종속되며 영향도 많이 받지. 만일 한 여자가 모슬렘이 아닌 남자와 결혼하면 그녀는 이슬람교를 위해서는 무익한 존재가 될 우려가 있고, 아이들 또한 아버지의 타종교 영향권 안에서 자랄 우려가 있기에 그런 거야."

넷째 날

"마호메트는 메디나로 피신하면서부터 안전하다고 느꼈고 그때부터 최대한 많은 사람들을 모슬렘으로 만들고, 유일신에 대한 신앙을 중심으로 결합된 사람들의 단단한 공동체를 구성하기 위한 투쟁을 준비하게 돼. 마호메트는 모슬렘을 위협하는 가문들을 상대로 싸웠고, 그래서 결국 그의 적들까지도 이슬람교로 개종토록 만들었어. 그가 싸운 한 가문의 우두머리인 아브 수피안이 그런 예지. 그 시대 증인들의 이야기에 따르면 마호메트는 행동가, 군대의 사령관, 정치 지도자로 묘사되고 있어. 중요한 전투가 두 번 있었어. 바드르 전투와 오호드 전투. 마호메트 때문에 움마 이슬라미야 개념이 생겼어. 움마는 공동체, 모슬렘의 집단을 말해. 632년, 마호메트는 메카에 가서 카아바를 도는 순례를 하지. 사람들은 그가 떠나면서 카아바 쪽을 돌아보고 이렇게 말했다고 해. '참으로 아름다운 사원이로다! 인간의 위엄보다 위대하고 아름다운 것은 없도다!'"

"**위엄**이 뭔데요?"

"자기 자신에 대한 존중, 자신이 인간이라는 것을 자랑스럽게 여기게 만들어 주는 가치와 품성에 충실한 느낌을 말한단다. 반대로 비굴함은 천함이고 무가치함이며 정의롭고 용감한 인간이기를 포기하는 행위겠지. 예언자는 위엄을 카아바의 아름다움 위에 놓았어. 이를 보면 그가 모든 인간이 지녀야 하는 이 품성을 얼마나 중시했는가 알 수 있어."

"그 다음에 무슨 일이 일어났나요?"

"그는 신이 자신을 다시 부르시리라는 것과 자신의 임무가 끝났음을 예감했어. 그는 메디나로 돌아가 632년 6월 8일 죽었단다."

"누가 그를 계승했나요?"

"아무도 그를 계승하지 못했어. 그는 예언자였고 지상에 존재한 신의 마지막 사자였어. 신은 그를 인간들에게 보내셨고 다시 부르신 거야. 그의 친구이자 동료인 아브 바크르가 모든 모슬렘의 이름으로 기도를 인도했지. 그는 일부 주민들에 의해 '칼리프,' 즉 마호메트가 남긴 규칙들을 따르는 모슬렘들의 지도자로 뽑혔어. 이런 모슬렘들을 **수니파**라고 하지. 다른 모슬렘들은 마호메트보다는 그의 사촌인 알리를 더 좋아했단다. 그들이 **시아파**야. 그들은 수니파에 반대하며 알리가 칼리프가 되길 바랐어. 오늘날 시아파는 전 세계 모슬렘의 10퍼센트를 차지해. 그들이 수니파와 다른 점은 '몰라흐'라고 불리는 정치 종교가 집단을 구성한다는 거야."

"텔레비전에서 가슴을 치는 모슬렘들을 봤는데 그게 흔히 있는 일인가요?"

"그들은 시아파들이야. 자신을 학대함으로써 그들의 고통을 표현한단다."

"어떤 고통이요?"

"알리의 아들로서 그들의 수령인 후사인이 680년 10월 10일 카르발라 전투에서 살해당했을 때 시아파들은 그를 안전하게 보호하지 못한 것에 대해 죄책감을 느꼈어. 그래서 애도를 표현하기 위해 해마다 이날을 기념하는 거야. 어떤 사람들은 자기 자신을 벌하고 때로는 피가 나올 정도로 심하게 때려서 슬픔을 과장하지.

그때부터 이슬람교는 이 지방과 그 너머까지 전파되기 시작했어. 마호메트가 죽고 그로부터 20년이 흐른 뒤에 세 번째 칼리프인 오트만이 1백14개의 장을 모아 신성한 책이며 신의 말씀인 성서 《코란》을 만들었단다."

"아빠는 《코란》을 읽었나요?"

"내가 네 나이였을 때, 초등학교에 가기 전이었는데도 나는 두 해 동안 코란학교에 다니면서 《코란》을 외었단다. 나는 읽을 줄도 모르면서 절들을 하나씩 배워 나갔지. 오늘 배운 절들을 다음날 암송했지. 만일 실수하면 한 대씩 매를 맞았단다."

"아빠의 부모님은 그에 대해 아무 말씀도 안 하셨나요?"

"부모님은 모르셨어. 나는 이튿날 암송할 절을 외기 위해 저녁마다 애를 썼단다."

"아빠는 왼 것을 이해했나요?"

"다 이해하지는 못했지. 다만 오직 한분이신 신 알라를 숭배해야 한다는 것, 선을 행하고 거짓말하지 말며 도둑질하지 말고 부모께 복종하며 학교 선생님을 존경하고 기도해야 한다는 것, 그렇지 않으면 신이 우리를 벌하신다는 것은 알았어. 가끔, 특히 신이 지옥과 최후의 심판 날에 대해 말씀하는 구절에서 난 두려웠어. 하지만 바로 그 다음에 신은 자비로우시며 길을 잃은 사람들을 용서하신다는 것을 상기시켜 주는 구절들이 있단다."

"아빠는 뭐가 가장 두려웠어요?"

"코란학교 선생님이 스스로 목숨을 끊는 사람, 특히 신의 의지를 거스르는 사람에게 무슨 일이 닥치는가를 묘사할 때 그랬어. 왜 너도 알잖니, 자기 몸에 불을 질러 자살한 사람은 지옥에서 영원히 그 행동을 되풀이하고, 건물에서 뛰어내린 사람은 영원히 투신한다는…… 끔찍한 일이지! 신자라면 믿을 수밖에 없는 일이거든."

"그러니까 지금 벌어지고 있는 일을 말하자면, 신은 미국인들을 죽인 자들을 벌하실 거라는 얘긴가요?"

"난 그렇게 생각한다."

"왜 확신하지 못하죠? 아빠가 내게 말씀하신 모든 게 사실이 아닌가요?"

"내가 네게 이야기한 모든 것은 사실이며 인간의 역사의 일부에 속한단다. 신에 관한 한, 때로 인간은 자신에게 질문을 던지게 되지. 고통·불의·비참함이 세상에서 판치는 것을 볼 때 특히 그래. 기독교도들은 '신은 사랑이시다'라고 말하고 모슬렘들은 '신은 정의이시다. 신은 진리이시다'라고 말하지. 그런데 세상이 전쟁에 의해 분열될 때, 젊은 사람들이 목숨을 버리고 이슬람의 이름으로 죄 없는 사람들을 죽임으로써 자기자신을 희생시킬 때 우리는 의문을 품게 되지. 의문을 품는 것은 정상적인 일이란다. 의심하지 않는 것은 동물들밖에 없어."

"'의심하는' 게 뭔데요?"

"신앙은 하나의 믿음이란다. 믿는다는 것, 그것은 예언자의 말을 받아들이고 믿고 충실히 따르는 것을 의미하지. 종교는 의심이나 비웃음을 용납하지 않아. 의심한다는 것은 맹목적으로 믿지 않는 행동이야. 신앙의 영역에 속하는 것에 이성을 끌어들이는 거지. 의심한다는 것, 그것은 질문을 제기하는 것이며 올바른 대답을 기대하는 거야. 그런데 논리와 신앙은 함께 존재하지 않거든."

"그럼 아빠는 신자인가요?"

"논리적인 사고를 가졌을 때는 믿음을 가진 사람들이 생각하는 것처럼 신자가 되는 것이 쉽지만은 않단다. 너의 질문에 대답하기 위해 내가 어떤 영성, 신비로우면서도 아름다운 어떤 것, 그러면서도 나를 무척 떨게 만드는 어떤 것이 존재한다고 믿는다 치자. 우리는 그것을 신이라 부를 수 있겠지. 나는 광대한 우주 앞에서 너무나도 왜소하다고 느껴. 그리고 모든 것을 알 수도 없어. 어떤 철학자가 말했듯이 '지성이란 세상에 대한 이해력의 결핍'인 거야."

"무슨 말인지 도무지 모르겠어요."

"인간이 제기하는 모든 질문에 대한 답을 가져왔다고 주장하는 사람들을 경계할 필요가 있단다. 바로 광신도들이 종교가 세상의 모든 의문에 답해 줄 수 있다고 말하는 사람들이란다. 그것은 불가능한 일이야."

"이슬람교에서는 어떻게 말하는데요?"

"너도 알다시피 이 종교는 아름다운 문명, 너무나 위대한 문화를 세상에 선사했단다. 이 종교의 독특한 점은 사제, 주교, 교황이 없다는 거야. 신자와 신 사이에 중개자가 없지."

"천주교에는 결혼할 권리가 없는 사제들이 있잖아요!"

"그래. 나는 고등학교 때 내 친구들이 일요일이면 성당에 가서 신부님 앞에서 고해하는 것이 이상했단다. 나는 친구들에게 말했지. '신과 함께 이야기해야 하고 만일 너희들이 나쁜 짓을 저질렀다면 다른 사람이 아닌 신께 용서를 구해야 해.' 친구들은 그것이 그들의 전통이라고 대답하더구나."

"그러니까 이슬람교에는 고해가 없다는 말이군요."

"그렇지. 이슬람 문명은 오늘날 미치광이들 또는 무지한 자들에 의해 이렇게 모욕당하기 전에, 그러니까 9세기부터 11세기까지 약 3세기 동안 세계 최고 수준의 진보와 문화 단계에 올라 있었단다."

다섯째 날

"현재의 상황은 너도 눈치챘다시피 아랍의 이슬람교 국가들에게 특히 안 좋다만, 그 이야기를 하기 전에 **아랍인들의 황금기**라 불렸던 그 화려한 시기에 대해 이야기해 주겠다. 그 전에 어떤 꿈을 한번 상상해 보려무나. 평화, 지혜, 사람들간의 화합, 모든 다른 것에 대한 호기심이 지배하는 멋진 세상, 아이들은 《코란》의 구절을 암송할 뿐만 아니라 외국어, 음악, 심지어 과학에도 빨리 익숙해져서 학교에 가는 것이 즐거운 세상으로 가보는 꿈 말이다."

"난 지금 눈을 감고 아빠의 이야기에 몸을 맡기고 있어요!"

"모슬렘의 종교는 아랍인들이 알라의 메시지를 세상에 널리 퍼트리러 가라고 격려하고 있단다. 아랍인들은 중동(비옥한 초승달 지구. 메소포타미아로 불리는 시리아, 이집트, 이라크), 아시아, 페르시아, 마그레브(모로코, 튀니지, 알제리를 포함하는 북아프리카 지역)까지 갔지. 이런 정복들이 항상 평화로운 것은 아니었어. 많은 전투·저항·죽음이 있었지. 그럴 수밖에 없는 게 아랍 군대는 주민들의 동의 없이 그 나라들을 점령했거든. 그들은 주로 오아시스나 강 근처의 야영지에 자리잡고 거기서 새로운 원정을 준비하곤 했어. 모슬렘의 파벌들 내부에도 알력이 있었어. 이슬람교의 확장 덕에 아랍인들은 차차 그들의 제국을 갖게 됐지. 아랍 문화는 세상을 향해 스스로를 개방했기 때문에 발전하고 풍부해질 수 있었단다. 코란어가 그리스어와 페르시아어를 대체하게 되자 10세기 이란의 한 역사가는 이렇게 말했어. '아랍어는 지상의 모든 예술을 위탁받았다. 아랍어는 우리 마음속으로 깊숙이 스며들며 그것의 힘은 우리 존재의 가장 은밀함 속에서 우리를 매료한다…….'"

"'위탁받는' 게 뭐예요?"

"이 문장에서는 아랍어가 모든 예술을 그 안에 담고 있으며, 시·과학·의학 등을 비롯한 예술품들, 인류를 진보하게 만들고 더욱 발전토록 만드는 모든 것을 낳는다는 의미지."

"그렇다면 모든 사람들이 아랍어를 했겠군요!"

"모든 나라는 아니지만 당시 아랍어는 고대사의 그리스어만큼이나 중요했단다."

"고대에 그리스어가 얼마나 중요했는지는 모르지만 지금과 달리 모든 학교에서 아랍어를 가르쳤다는 것은 상상할 수 있겠어요."

"아랍의 모슬렘 학자들이 다른 언어들이 생산한 중요한 모든 작품을 번역하는 대 작업에 들어갔기 때문에 모든 사람이 아랍어를 배웠단다. 그들은 그리스의 철학서들, 페르시아어, 인도어로 된 작품들을 번역했지."

"**철학**이 뭔데요?"

"철학은 지혜와 지식에 대한 사랑이란다. 철학에서 우리는 고대인들이 이미 발견하고 기록한 것들을 공부함으로써 생각하는 법을 배우지. 철학은 이성을 이용하여 자신의 삶이 어디로 가는지를 체계적으로 생각하고 알아가는 것이란다."

"좋아요, 이해했다고 치자구요!"

"다시 한번 말하지만 철학은 우리가 생각하고 있는 것에 대한 공부이다. 그렇기 때문에 아랍인들이 그리스어로 된 철학서들을 번역하고 출간한 것은 인류에게 커다란 공헌을 한 거라고 할 수 있어. 모든 사람이 위대한 그리스의 철학자들에 대해 알게 된 것은 아랍인들 덕분이야. 아랍어는 어디서나 으뜸가는 언어가 됐어. 과학·의학·수학·지리학·천문학, 이 모든 것을 아랍어로 배울 수 있었어. 학교에 가는 행운을 누리지 못한 예언자 마호메트도 세계 어디에서나 모든 모슬렘은 학교에 가서 학문을 연구해야만 한다고 말했어."

"모슬렘들이 한 나라를 점령했을 때 그곳 사람들은 의무적으로 아랍어를 배워야 했나요?"

"의무는 아니었지만 학교에서 공부하거나 학문을 깊이 연구하고 많은 것을 배우려면 아랍어를 익혀야만 했단다. 이슬람교의 언어는 말로 표현되고 글로 적힌 세계 최초의 언어로 인정받고 있단다. 9세기부터, 스페인에서 중국에 이르기까지 아랍어가 과학의 언어로 쓰였어. 많은 발견을 가능하게 해주는 화학 연구는 바그다드, 다마스, 카이로에서 하든 그라나다, 팔레르모에서 혹은 사마르칸트에서 하든 상관없이 아랍어로 이루어지지. 사방에서 '**지혜의 집**'이라 불리는 대학과 도서관이 지어졌단다."

"'지혜의 집'이 뭔데요?"

"학문을 깊이 연구하고 싶은 사람, 자기보다 학문이 깊은 사람 혹은 경험이 많은 사람과 토론하고 싶은 이들이 모인 곳이란다. 그곳에서는 모든 것이 지식과 이해의 획득을 쉽게 해주기 위해 존재했지."

"사람들이 그곳에 다녔나요?"

"그렇단다. 배움에 대한 갈증, 학구열이 있었지. 사람들은 그곳에서 세상을, 다양한 문화와 언어를 발견했단다."

"누가 번역과 학문 연구를 장려했나요?"

"칼리프, 즉 나라의 군주들이지. 그들이 이슬람교를 전파시켰지. 하지만 부유한 사람들도 돈을 기부해서 중요한 작품들을 번역하고 '지혜의 집,' 다시 말해 문화의 집을 건설하는 데 공헌했어."

"모든 사람이 아랍어를 했다면 유럽인들도 했다는 건가요?"

"아니. 유럽인들은 아랍인들이 이루어 놓은 발견과 번역을 그들 자신의 문화 안에서 진보하는 데 이용했지."

"이 아랍 제국의 중심지는 어디였어요?"

"이라크의 수도인 바그다드였어. 가장 유명한 칼리프는 하룬 알 라시드로서 그에 관한 이야기는 《천일야화》에 나오지. 그는 9세기초 바그다드에 살았어. 바그다드의 학자들과 학생들은 아랍어로 번역할 과학·의학 또는 철학 원고를 찾기 위해 외국으로 떠났지."

"그런데 아랍인들은 책을 번역하기만 했나요?"

"아니. 그들은 글도 쓰고 학문, 이를테면 의학을 연구했어. 또 대학, **메데르사** 즉 종교 학교, 도서관, 이슬람교 사원, 궁전 등을 지었지. 번역 작업은 아랍인들이 자신들을 더 이상 배울 게 없는 학자로 여기지 않았다는 것을 의미한단다. 진정한 교양인은 항상 다른 사람들로부터 배운다고 말하는 사람이거든. 아랍인들은 모슬렘도 아랍인도 아닌 사람들은 무엇을 생각하는지, 그리고 학문·문학·건

축·상업 등의 분야에서 어떤 것을 했는지 알고 싶어했어."

"그런데 번역은 어떻게 하는 거예요?"

"하나의 언어를 다른 언어로 바꾸기란 쉬운 일이 아니지. 어떤 언어로 된 글을 동일한 뜻의 다른 언어로 전달하는 일이거든. 번역은 흔히 호기심의 표시지. 예를 하나 들어 볼게. 지금도 아랍인들은 유럽, 미국, 라틴 아메리카 작가들의 책을 계속 번역하고 있단다. 아랍의 도서관에 가보면 처음부터 직접 아랍어로 씌어진 책보다 외국어 번역서가 더 많거나 비슷하다는 것을 발견할 수 있을 게다. 이는 아랍인들이 배움에 대한 갈증을 갖고 있다는 증거지. 이를테면 미국에 있는 한 도서관에 가보면 번역서가 거의 없다는 것을 확인할 수 있을 게다. 최근의 한 설문 조사에 따르면 미국 출판사에서 펴낸 책 1백 권 중 단 세 권만이 번역서이더구나. 미국인들은 다른 나라 사람들이 생각하거나 쓰는 것에 별로 관심이 없는 모양이야."

"미국은 강대국이니까요!"

"특히 돈이 많지. 그리고 다른 나라의 문화는 필요 없다고 생각하지."

"아랍인들이 강하던 시대에 대해 더 말씀해 주세요."

"그들의 힘은 물질적인 것이 아니었단다. 그들은 진정한 점령이란 군대가 아니라 문화로써 하는 것이라고 생각했어. 비록 다른 나라 국민들과 전쟁을 벌이기는 했지만 말이야."

"**문화**에 대해서 정의내려 보세요."

"문화란 인간과 동물을 구분짓는 것이라고 말하고 싶구나. 문화란 말은 땅을 '경작하다' 라는 단어에서 왔거든. 땅을 경작한다는 말은 땅을 갈고 거기에 씨앗을 심는 것을 의미하지. 인간은 먹고 마시기도 해야 하고 건강도 지켜야 하지만 그를 둘러싼 세상, 그가 살고 있는 세상도 배워야 해. 문화는 지성의 산물이며, 우리로 하여금 정신을 개발하게 하고 더 잘 생각하게 하고 우리 조상들이 남겨 준 것과 접촉하게 해주지. 문화는 한 세대에서 다음 세대로 전해지는 거야. 문화의 표현과 발전의 총체를 '문명'이라고 부르지."

"우리 조상들은 우리에게 무얼 남겼나요?"

"그 질문에 대답하려면 세월을 거슬러 올라가 아랍의 계몽주의 시대에 관해 말해야 할 것 같구나. 조상들은 우리 아랍인들과 모슬렘들뿐만 아니라 모든 인류에게 훌륭한 것들을 많이 물려 주었단다. 대수학을 뜻하는 알제브르(이것은 '약분'을 의미하는 아랍어란다), 영, 그래 숫자 0 말이야. 너는 그게 아무것도 아니라고 말하겠지만 그건 모든 수학의 기초거든. 아랍어로 영은 시프르(cifr)야. '비었다' 는 뜻이지. 프랑스어로 숫자를 의미하는 'chiffre'란 말도 여기서 나왔어. 자세한 역사를 설명하지 않겠지만 그래도 학자들, 시인들, 연구가들을 가장 많이 격려한 사람이 알 마아문 칼리프라는 것은 알아두거라. 그는 하룬 알 라시드의 아들이지. 그는 어마어마하게 넓은 제국을 다스렸단다. 제국의 수도는 바그다드였는데 당시, 그러니까 9세기에 이미 인구가 1백만 명을 넘었고 종교도 다양했단다. 같은 시대에 유럽에서 가장 인구가 많은 도시인 로마의 주민 수가 3만 명밖에 안 됐거든. 인도·중국·유럽·아랍 세계에서 온 학자들간의 만남이 그곳에서 이루어졌단다. 바그다드는 세계 문화의 중심지였지. 그래서 칼리프는 화요일마다 바그다드에 있는 학자들과 교양 있는 사람들을 초대해서 한나절 내내 토론하고 생각하고 각자의 아이디어와 견해를 교환하는 자리를 마련해 주었단다. 지혜의 집은 차차 이곳저곳에 많이 생겼지. 중국에서 수입한 종이 덕에 책을 베끼는 일을 하는 필경(筆耕)들은 점점 더 일이 많아졌지."

"책을 인쇄하지 않았나요?"

"응. 인쇄술은 한참 뒤인 15세기(처음 인쇄를 시도한 사람은 1400년경 마인츠에서 태어난 구텐베르크였단다)에 발명됐거든. 그렇지만 최초의 종이 만드는 기계는 794년 바그다드에서 조립되었다는 것을 알아두렴. 다른 종이 공장들은 이집트, 팔레스티나, 시리아에 건설됐지. 시칠리아와 안달루시아의 아랍인들은 중국인들과 함께 제지 공업을 유럽에 도입하게 된단다."

여섯째 날

"오늘은 스페인 남부에 위치한 안달루시아 지방의 아랍인과 모슬렘의 존재에 관해 들려줄게. 역사가들에 따르면 아랍인들이 안달루시아에 도착했을 때 로마 제국의 문화유산에도 불구하고 그 나라가 문화적으로 빈곤한 데 놀랐다고 해. 심지어 한 역사가는 이렇게까지 말했어. '그것은 완벽한 무(無)였다. 떼지어 도착한 아라비아와 시리아의 이주민들은 그곳 주민들이 그들에게 아무것도 줄 수 없다는 것을 알았다. 이주민들이 취하거나 흡수하거나 모방하거나 혹은 발전시킬 만한 것은 아무것도 존재하지 않았다.' 바로 그때 바그다드, 코르도바는 모슬렘 세계에서 가장 중요한 문화의 중심지가 되어가고 있었거든. 칼리프 아브드 알 라흐만 3세가 반세기 동안 이슬람 국가 스페인을 다스렸거든. 그는 코르도바를 찬란한 도시, 빛나는 문화 도시로 만들었어. 그는 이슬람교, 유대교, 기독교 학자들을 곁에 두고 연구를 계속할 수 있는 재정적 지원을 베풀었어. 안달루시아의 시──유대교와 이슬람교의 만남에 관한 멋진 상징──, 사랑을 다룬 문학이 발전하여 서양에 깊고 지속적인 영향을 끼칠 정도가 됐지. 프랑스의 시인 루이 아라공은 〈엘자에게 홀딱 빠진 남자〉에서 그가 이 시기 아랍의 시에 빚진 모든 것을 말하고 있단다."

"그가 무엇을 빚졌는지 말씀해 주세요."

"그건 사랑을 노래하고 사랑을 슬퍼하는 어떤 서정적인 연애시들이야. 20세기의 대시인 루이 아라공은 이 노래들에서 많은 영감을 얻어 그의 아내 엘자에게 보내는 긴 사랑의 시를 썼지. 그리고 거기에는 무척 아름답고 신비주의적인 면이 있단다."

"**신비주의적인** 게 뭔데요?"

"그 말 속에는 '신비'라는 말이 들어 있는데 신비란 신과의 강하고 내적인 관계를 가진 것, 다른 모든 관련성을 배제하는 것을 말해. 이 관계는 신앙과 비슷해서 쉽게 설명할 수 없단다. 신비주의적인 시는 신에 대한 무한한 사랑이 담긴 찬양이지. 모슬렘 세계의 신비주의자는 '수피교도'라 불리지. 수피는 아랍어로 '양털'을 뜻하는 소프(sof)에서 왔어. 수피교도들은 거친 양털로 짠 옷으로 몸을 감싸고 다님으로써 사치스럽고 화려한 옷을 입는 사람들과 구별이 되지. 수피교도는 삶의 피상적인 것들을 버리고 기도, 명상, 신에 대한 사랑에 전적으로 헌신하지."

"그들은 시인들인가요?"

"그렇단다. 시인들도 모슬렘 문화를 알리는 데 한몫을 하지. 가장 유명한 시인은 알 할라즈야. 그는 신에 대해 말하면서 '나는 내가 사랑하는 그분이다'라고 말했지. 어느 날, 그는 바그다드의 거리에 나가 '나는 진리다'라고 소리쳤어. 이처럼 신과 자신을 혼동하는 것은 용납되지 않는 일로, 그는 귀신들린 사람으로 간주됐지. 922년 그는 체포되어 재판에서 사형 선고를 받았어. 그는 주옥 같은 시들을 남겼단다. 신은 시인들을 믿지 않는다는 것도 알아두렴. 《코란》 26장 224절에는 이렇게 적혀 있지. '시인들로 말하면 길을 잘못 든 자들로 이해된다.' 즉 길을 잃고 헤매는 자들이란 말이지. 거기엔 또 이렇게도 적혀 있어. '그들은 말과 행동이 일치하지 않는다.'"

"언젠가 아빠는 《코란》에서 가장 좋아하는 구절이 시라고 말씀하셨잖아요!"

"《코란》은 굉장히 아름다운 언어로 적혀 있단다. 나는 《코란》이 시로 가득 찼다고 생각해. 하지만 이 구절에서 말하는 '시인들'은 말만 하고 행동하지 않는 사람들을 지적한 거야. 모든 시인이 그렇다는 말은 아니야."

"그러니까 유익한 결과를 가져온 모든 것이 다 아랍인들의 작품이란 말이죠!"

"아랍인들은 어떤 단순한 사실을 알고 있었다고 해두자. 즉 진보하려면, 그리고 풍부해지려면 집의 문을 걸어 닫아서는 안 된다는 것, 오히려 대문과 국경을 개방하고 다른 나라들에게 다가가며 그들이 글로 적은 것, 그들이 건설한 것에 관심을 가져야 한다는 것 말이지. 그들은 전진하고 싶어했고 그러자니 다른 나라의 조상들이 이미 이루어 놓은 것을 배워야 했어. 아랍인들의 지성은 자신을 낮추고, 진짜 박식한 사람은 '나는 아무것도 모른다'로 말문을 여는 사람이라는 사실을 받아들인 데 있었지. 그들은 학문을 찾기 위해 그것을 이미 다른 사람들이 발전시킨 곳, 이를테면 그리스 같은 곳으로 갔지."

"왜 그리스에 갔죠?"

"왜냐하면 기원전 3세기와 4세기 때, 그러니까 2천4백 년 전의 위대한 그리스는 학자들이 수학·천문학·의학·철학을 공부하던 곳이었거든."

"모든 학문이 그리스에서 행해졌나요?"

"아니, 페르시아도 있었어. 지금은 이란이 됐지."

"천문학이 뭐예요?"

"천문학이란 천체들과 그것들이 하늘에서 차지하는 위치를 연구하는 학문이란다."

"아랍인들도 하늘에 관심을 가졌나요?"

"분명히 그랬지. 왜냐하면 대양의 한가운데로 가려면 하늘에 있는 별들의 위치를 알아야 하거든. 너는 최초의 천문대 2개가 827년에 만들어진 것을 알고 있니? 하나는 다마스에, 하나는 바그다드에 말이야."

"하지만 그리스인들은 천체를 연구하지 않았나요?"

"아니 했지. 2세기에는 프톨레마이오스라는 위대한 천문학자가 있었거든. 아랍인들은 그가 쓴 것을 읽고 그의 연구를 추적했어. 프톨레마이오스로부터 가장 많은 영감을 받은 사람은 이븐 알 하이트함(1040년 사망)이야. 그는 수학자이자 물리학자이자 천문학자였지. 그는 광학에 관한 긴 논문을 썼는데, 그 논문을 토대로 서방 세계는 13세기부터 14세기까지 육지와 바다의 방위를 연구할 수 있었지."

"**광학**은 무얼 다루는 건데요?"

"눈, 시력, 그리고 맨눈으론 식별할 수 없는 것을 관측하기 위한 기술적인 방법과 관련된 모든 것을 다루지."

"아랍인들은 많은 분야에서 뛰어났군요!"

"다시 한번 강조하지만 아랍인들의 힘은 그들의 겸손으로부터 나오는 거야. 그들은 기꺼이 배웠으며 자신들이 박식하다고도, 자신들의 문명이 다른 문명보다 우월하다고도 생각지 않았어."

"**겸손**이 뭔데요?"

"그건 잘난척하지 않는 것, 자기는 모든 것을 알기에 그

누구에게도, 아무것도 배울 게 없다고 생각하지 않는 것이란다. 겸손이란 모로코 속담처럼 '작은 머리를 갖는 것'이야. 이는 자신만만한 사람의 반대라고 할 수 있지! 지혜로운 사람은 자신이 별로 아는 것이 없으며 다른 사람들에게서 모든 것을 배워야 한다고 인정하는 것부터 시작하는 사람이야."

"아빠는 전에 아랍의 어떤 나라에서는 의사를 알 하킴 즉 '현인'이라고 부른다고 말씀하셨어요."

"사실이다. 아랍의 의학은 위대한 학자들, 그러니까 현인들의 성과였어. 알려진 것 중에 가장 오래된 병원은 800년경 하룬 알 라시드에 의해 세워졌음을 기억해 두렴. 의학의 역사에는 2개의 위대한 이름이 거론된단다. 이란 태생의 알 라지, 그리고 중앙 아시아의 스텝(초원)에서 태어난 아비센이 그들이지. 아비센은 서방에 '아랍 과학의 절정이자 걸작'으로 알려진 다섯 권짜리 백과사전인 《의학 경전》을 아랍어로 썼어. 그 책은 17세기말까지 유럽에서 의학 교육을 지배했지. 그는 의학을 이렇게 정의 내렸단다. '의학은 건강하거나 아픈 인체를 연구하는 학문이다. 이미 건강할 때는 건강을 보존하기 위해, 건강을 잃었을 때는 그것을 회복하기 위해.'

같은 시대에 의사 알 자흐라우이는 외과학과 외과용 기구에 관한 학문에서 많은 진척을 가져왔지. 유럽에서는 13

세기에야 겨우 외과학이 인정받았어. 기독교가 이 학문에 동의하지 않았기 때문에 그렇게 뒤처지고 말았지. 자 보렴, 오늘날 사람들은 모슬렘들이 시대에 뒤처지고 있다고 비난하지만 기독교인들도 같은 길을 걸어왔단다."

"정말이지 이 시대에 모슬렘으로 살아가기란 힘든 일이에요!"

"왜 그런 말을 하지?"

"그건 내가 한 말이 아니라 텔레비전에서 들은 거예요."

"맞는 말이야. 이슬람교를 내세우는 몇몇 광신도들 때문에 이 시대의 모슬렘들은 잘못 이해되고 부정적으로 인식되고 있단다. 하지만 그 이야기로 돌아가기 전에 세상 누구보다 앞서 나갔던 모슬렘들의 예를 몇 가지 들어 볼까?"

"어떤 분야에서요?"

"이를테면 문학이지. 너도 라 퐁텐의 《우화집》을 알지?"

"그럼요."

"그렇다면 라 퐁텐 훨씬 이전에 아랍 작가 이븐 알 무카파(8세기)가 《칼릴라와 딤나》라는 제목으로 인도의 우화와 짧은 이야기들을 아랍어로 번안, 번역했다는 것을 알아두렴. 라 퐁텐은 1644년에 프랑스어로 번역된 그 책을 읽었어. 그는 이 우화들과 이솝의 우화들에서 영감을 받아서 자신의 동물 우화집을 쓴 거야."

"라 퐁텐은 남의 책을 베꼈군요!"

"아니, 그는 베꼈다기보다 프랑스 아이들을 위해 취할 것은 취하고 쓸 것은 쓴 영리한 사람이었지. 하지만 이븐 알 무카파가 없었다면 라 퐁텐의 《우화집》도 아마 없었을 거야."

"다른 예를 더 들어 주세요!"

"너, 《로빈슨 크루소》 이야기 알지?"

"네. 학교에서 읽었어요."

"12세기에 그라나다, 탕헤르, 마라케시를 돌아다니며 살던 한 남자가 《헤이 이븐 야크단》이라는 책을 썼단다. 그건 무인도에 혼자 살면서 인생의 커다란 진리를 스스로 발견하고 그가 '신의 빛'이라 부른 것으로 인도되는 한 남자의 이야기야. 이웃 섬에서 온 예언자가 종교적으로 계시된 진리들이 그가 발견한 것들과 똑같다는 것을 확인해 주지. 이 작품은 다니엘 디포의 책보다 5세기나 먼저 나왔단다."

"또 다른 예는요!"

"마르코 폴로는 세계 일주를 한 것으로 유명하잖니. 그런데 1304년 탕헤르에서 태어난 이븐 바투타라는 아랍인은 그보다 훨씬 전에 세계 일주를 두 번이나 했단다. 그리고 그가 보고, 들은 것들을 일기로 남겼지."

"다른 예가 또 있나요?"

"흔히 나침반을 발명한 것이 아말피에 사는 플라비오 지오자라는 이탈리아인으로 알려져 있잖니. 사실 그가 바다와 육지의 방향을 알려 주는 이 도구를 발견할 수 있었던 것은, 아랍의 뱃사람들 덕이야. 12세기부터 아랍의 상선들은 바다의 지배자들이었거든. 플라비오 지오자가 어떤 책에서 아랍인들이 발명한 이 도구의 존재를 발견한 것은 그보다 훨씬 뒤인 1302년이었어."

"좋아요! 아랍인들은 많은 것을 발명했군요. 그럼 오늘날엔 더 이상 아무것도 발명하지 않나요?"

"아랍의 모슬렘 국가들의 현재 상황을 이해시키기 위해 짧은 이야기를 하나 더 해줘야 될 것 같구나. 내 말을 잘 이해했다면 이슬람교는 아랍인들로 하여금 예언자의 메시지를 퍼트리기 위해, 또한 가능한 한 많은 사람을 이 새로운 종교로 개종시키기 위해 세계를 돌아다니게 만든 원동력이라는 것을 이해했을 게다. 그들은 자기 나라에서 벗어나 봄으로써 다른 세상을 발견했고 배우고 싶었으며 인류의 발전에 참여하고 싶었어. 사정은 그렇게 된 거야. 이슬람교 내부에서 많은 전투와 충돌, 그로 인한 사망자들이 생겨났어. 모슬렘들은 어떤 나라를 점령했을 때 기독교도들과 유대교도들을 보호했어. 대신 그들은 세금을 냈지."

"보호받는 대가로 돈을 낸 건가요?"

"소수파의 범위 내에선 그래."

"소수파요?"

"이슬람의 땅에 모슬렘들이 '성서의 사람들'——이는

모슬렘들의 《코란》처럼 어떤 성스러운 책을 근거로 한 종교를 갖고 있는 사람들이라는 뜻이란다——이라 부른 유대교도들과 기독교인들은 수적으로 많지 않았기 때문에 소수파로 불렸지. 이런 상황 때문에 그들은 자신들의 육체적·정신적 안전을 보장하는 대가로 국고에 직접 거액을 바쳐야 했어."

"모슬렘들과 함께 살기 위해 돈을 내야만 했던 이유는 무엇인가요?"

"아마도 모슬렘들은 그들에게 이슬람교로 개종하라는 압력을 넣고 싶었을 거야……. 하지만 이런 상황은 오래 지속되지 않았지. 그럼에도 불구하고 9세기부터 11세기까지 모슬렘들의 행동의 특징을 이루는 것은 지성·지식·문화였단다. 17세기까지 유럽에서 학생들을 가르친 아비센(980-1037), 그 다음에 학문의 총괄적인 그림을 정리한 알파라비, 그 다음에 아베로에스가 등장해. 그는 중요한 사람이야."

"다른 사람들보다 더 중요해요?"

"응. 왜냐하면 앞선 사람들보다 훨씬 많은 업적을 남겼거든. 그는 아비센이 죽고 1세기가 지난 뒤에 나타났어. 그는 1126년 코르도바에서 태어나 1198년 모로코로 망명해 있던 중에 죽었단다."

"왜 모로코로 망명했는데요?"

"바로 그가 철학자였기 때문이지. 그리스의 철학자 아리스토텔레스의 유산을 상속받아 그것을 서방에 전달한 것이 그였거든. 그는 또한 위대한 모슬렘 법학자이기도 했어."

"'법학자'가 뭔데요?"

"법, 그러니까 모든 사회의 바탕이 되는 법률과 규칙을 공부하는 사람이지. 정의의 기준을 규정짓는 사람이기도 해."

"좋아요. 그러니까 그는 지혜와 정의의 편이었군요."

"그는 신앙의 심장에 '이성'을 끌어들이려고 노력한 사람이란다."

"'이성'은 논리이고 신앙은 믿음 아닌가요?"

"그렇지. 그는 믿는다는 행위에 어떤 논리를 부여하려고 노력했어. 그런 다음 모슬렘의 종교가 다른 이해 관계를 가진 사람들에게도 사용된다는 것을 지적했지. 토론하는 것, 특히 외국인들의 기여를 거부하는 종파·파벌들이 있었지. 분쟁이 일어났어. 이슬람교의 집은 더 이상 '지혜의 집'이 아니게 되었지. 아베로에스는 이 모든 것을 고발했지만 코르도바의 정치가들은 그와 의견이 달랐어. 그는 모로코로 달아나 신변 보호를 요청했어. 이 시기부터 모슬렘의 문명은 광신과 불관용으로 오염됐어. 하지만 몰락을 나타내는 징후는 이것만 있었던 게 아니야. 십자군 시기에도 있었지."

일곱째 날

"**몰락**이 뭔데요?"
"가치가 떨어지는 것, 쇠약해지는 것, 진보를 향해 가는 대신 내리막과 추락의 길로 가는 것을 말한단다. 더 이상 사람의 손길이 닿지 않는 집, 더 이상 사람이 살지 않거나 잘 안 사는 집은 가치가 떨어지지. 집은 무너지고, 집기들은 더 이상 아무것도 작동하지 않게 되지. 문명도 한 채의 커다란 집과 같아. 그 토대가 튼튼하고 좋은 돌로 벽을 지으면 그 집에 드나드는 사람들이 새로운 부를 가져다 주고, 자주 환기시키고 아름답게 꾸미면 그 집은 잘 유지되겠지. 사실 좀더 복잡한 문제이긴 하지만 하나의 문명은 조상들이 물려 준 것의 상속과 결실로 만들어진 지식의 총체란다. 오래되고 아름다운 집을 관리하듯 문명을 보살필 줄 알아야 해."

"아랍 문명은 잘 보존되지 못했나요?"

"영광과 빛의 시대가 끝난 뒤 아랍 문명은 많은 타격을 받았어. 우선 지도층 내부에서 분열이 일어났거든. 칼리프들간의 경쟁이 치열했지. 지도자들의 욕망은 점점 더 커졌어. 그들은 더 이상 공동의 이익은 생각지 않고, 자신들의 이기주의에서 나오는 직접적인 이해 관계에만 신경을 썼지. 그래서 바그다드와 코르도바의 칼리프는 예언자의 고전적인 전통에 속하는 수니파가 된 반면 카이로의 칼리프는 알리의 지지자들인 시아파가 됐지."

"이런 분열은 어떻게 나타났나요?"

"1055년부터 칼리프들은 셀주크 왕조의 용병들(현재의 터키에서 온)에게 그들의 땅을 지켜달라고 부탁했지. 일례로 셀주크 왕조의 이 군대는 기독교도들을 예루살렘의 성지에 접근하지 못하게 했고 박해했어. 그들은 이렇게 정치적 권력을 잡게 됐지."

"그래서 어떻게 됐나요?"

"교황 우르바노 2세는 아랍이 이렇게 분열하고 용병을 사용할 수밖에 없는 상황을 이용해 1096년부터 1099년까지 모슬렘들을 상대로 한 십자군 전쟁을 벌였지. 처음 그는 동로마제국 황제의 구원 요청에 응했어. 동로마제국의 수도 콘스탄티노플이 셀주크 왕조의 모슬렘들에 의해 위협받고 있었거든. 그후에 기독교도들의 군대는 그들 자신의 정복에 앞장서게 되지."

"**십자군**(croisade)이란 말은 어디서 왔나요?"

"예수가 십자가에 못 박혀 죽은 뒤로 기독교도의 상징이 된 '십자가(croix)'라는 말에서 왔단다. 십자군은 기독교의 이름으로 이 종교에 반대하는 자들 또는 이 종교의 확장을 방해하는 자들을 상대로 싸우러 가는 행위를 말해. 당시 이슬람교는 계속 확대되면서 모든 면에서 빛을 발했거든. 기독교 군대의 원정은 모두 여덟 차례 있었단다. 마지막 원정이 1223년에 있었지. 기독교 국가의 군주들은 1236년 코르도바를, 그 다음 1248년 세빌리아를 점령했지. 그 전투들은 아랍의 모슬렘 문명에게는 정치적·군사적인 패배였어. 그라나다만이 저항했어. 그라나다는 유럽 아랍 문명의 마지막 중심지가 됐지. 그러다가 1492년 가톨릭 국가 왕들의 손에 넘어갔어. 그것으로 한 시대와 한 위대한 문명이 끝났지. 그리고 세상은 변해 갔어. 1492년은 크리스토퍼 콜럼버스가 아메리카를 발견한 해이기도 하단다."

"그때 안달루시아의 아랍인들은 어떻게 됐죠?"

"그곳에는 유대교도들과 모슬렘들이 있었어. 그들은 에스파냐에서 쫓겨나고 추방됐어. 남아 있기를 원하는 사람들은 이런 말을 들었어. 세례 아니면 죽음, 둘 중 하나를 택하라."

"그게 무슨 말이에요?"

"기독교도가 되기 싫으면 죽으라는 말이지. 많은 사람들이 기독교로 개종하는 것을 택했어. 하지만 이런 개종에도 불구하고 그들은 여전히 박해받았는데, 왜냐하면 마음속으로는 그들의 신앙을 저버리지 않았기 때문이야. 우리는 그들을 모리스크라 부르지. 그들은 학대받다가 에스파냐 밖으로 대거 추방됐어. 그게 우리가 종교 재판이라고 부르는 거야. 종교 재판은 1609년 9월 22일에야 끝나지. 다만 가톨릭을 신봉하던 에스파냐는 아랍인들이 그 지역에 가져다 준 그 모든 것을 흡수했다는 것은 알아두거라. 그걸 한 번도 인정하지는 않았지만 말이다. 가톨릭교도들이 이 나라를 재정복했을 때 그라나다를 탈출해야 했던 모슬렘 중에 아프리카 태생으로 레오라는 이름의 박식한 지리학자가 있었단다. 그의 진짜 이름은 하산 알 와잔(무게 달아보는 사람이라는 뜻)으로 교황 레오 10세(1518년)를 시중들며 로마에서 몇 년을 살았지. 그는 아랍어와 이탈리아어를 가르쳤고 레오 10세의 교황청에 아랍어로 번역된 그리스어 서적을 수입하여 그 자신이 라틴어로 번역했단다. 그는 동양과 서양 간의 우호의 상징이었어."

"모슬렘들과 아랍인들은 어떻게 됐나요?"

"아랍 세계는 고립됐지. 유럽과 무역을 할 수 없게 됐어. 유럽의 대학들에선 여전히 아랍 철학을 가르쳤지만 더 이상 발전할 수는 없었고 특히 이슬람교를 믿는 아랍 세계 안에서 연구되지 못했지."

"그럼 사람들은 그 대신 무얼 연구했나요?"

"우리에게 체계적인 방법, 의심, 성찰을 가르쳐 주고 다른 나라 사람들의 생각에 관한 다양한 시야를 열어 주는 철학 대신 우리는 이슬람 종교를, 오직 이슬람 종교만을 가르쳤지. 그래서 우리는 종교를 이야기하고 믿음을 이야기했지만 깊이 있는 성찰과 의심은 갖지 못하게 됐지. 이렇듯 우리는 세상에 대한 개방의 전통으로부터 고립, 자폐의 길로 접어든 거야. 빈곤해진 거지. 그건 아랍과 모슬렘 세계에 매우 심각한 결과를 초래할 수도 있어. 세월이 흘러 그 결과는 오늘날 우리가 보고 있잖니. 우리가 싸움에서 졌을 때 우리는 패배의 결과를 오랫동안, 무척 오랫동안 받아들여야 한단다."

"16세기와 오늘 사이에 무슨 일이 있었나요?"

"많은 사건들이 있었지. 하지만 아랍 세계가 장기간의 쇠퇴를 겪게 된 이유를 짚고 넘어가자꾸나."

"쇠퇴가 뭔데요?"

"쇠퇴란 질과 수준이 낮아지는 것을 말한단다. 누군가 아픈 사람이 있으면 건강이 쇠약해졌다고 하고, 그가 앞을 보지 못하면 시력이 약해졌다고 하고, 그가 잘 듣지 못하면 청각이 약해졌다고 하는 거야. 몰락하고 비슷한 말이야. 느린 추락의 징조가 있지."

"그렇다면 왜 그런 쇠퇴를 겪게 됐죠?"

"지식의 획득, 번역, 학자들간의 만남, 철학적 자유, 이 모든 것의 계획·출자·후원이 군주들에 의해 이루어졌거든. 이런 개방은 세상을 이해하려는 욕구와 일치하는 것이었어. 그래야만 아랍 백성 이외 다른 민족도 같이 살고 있는 광대한 제국을 더 잘 통치할 수 있었거든. 군주들이 서로 싸우기 시작했을 때 학자들과 철학자들은 공부를 계속할 수 있는 정치적·재정적 기반을 상실하게 된 거야."

"그 시대를 대표하는 아랍 학자의 이름을 하나만 대보세요."

"만일 우리가 단 하나의 이름만 기억해야 한다면 그건 아랍의 마지막 위대한 학자, 세계적인 영향력을 끼친 작품을 쓴 이븐 칼둔이 될 거야. 그는 오늘날 우리가 '사회학'이라고 부르는 것을 발명한 사람이야. 사회학이란 사회의 행위와 태도를 연구하는 학문이지. 그는 14세기말부터 15세기초(1332-1406)까지 북아프리카에서 살았어. 그는 아랍인들의 기질과 태도를 연구했어. 그것들을 잘 관찰하고 많이 비평했지. 그는 비평과 변화의 길을 열었어. 그는 칼리프들에게 종교 교육을 책임진다고 하고서 그 기회를 틈타 민중을 현혹시키는 자를 경계하라고 일렀어. 또한 어떤 사람들이 《코란》이 아닌 다른 것을 가르칠 목적으로 이슬람 사원을 사용하는 것에도 반대했어. 그는 종교와는 아무 상관없는 이유들 때문에 이슬람교를 이용하는 일이 얼마나 위험한지를 그의 시대에 이미 알았던 거야. 그에겐 미래를 내다볼 수 있는 눈이 있었어. 그는 한 나라의 기후가 민중의 기질과 정신 상태에 미칠 수 있는 영향력을 증명했어. 19세기말과 20세기초가 되어서야 이븐 칼둔 같은 열린 지성들이 이슬람교에 개혁을 제안하게 됐지."

"**개혁**이 뭔데요?"

"개혁이란 종교를 실천하는 방식 면에서 어떤 규칙과 습관들에 변화를 주는 거란다."

"모슬렘의 종교에서 뭔가를 바꾼다는 게 가능한 일인가요?"

"기초가 되는 가치와 규범에는 손대지 않아. 다만 기본적인 것에 몰두하면서 개혁을 끌어들이는 것은 가능하지. 그러기 위해서는 용기와 인내가 필요하단다. 이때 아프가니스탄 사람 자말 에딘 알 아프가니(1897년 사망)와 이집트 사람 모하메드 아브두(1905년 사망)의 이름을 기억해 두거라. 그들은 대화와 관용, 그리고 특히 현대 세계에 적응할 것을 설교했지. 과거의 스승들이 이슬람교의 행동 규칙으로 강요하던 것들을 맹목적으로 받아들여서는 안 된다, 이슬람교가 탄생한 시대와 현대는 매우 다르다고 말했단다. 모슬렘 국가들의 현실을 바꾸기 위해 그들은 '한 민족이 자신의 본질을 바꾸지 못하는 한, 신도 그 민족의 상황을 바꿀 수는 없다'는 내용의 《코란》 구절(13장 11절)을 근거로 삼았지. 이 말은 즉 만일 오늘날 세상에서 모슬렘들의 평판이 나쁘다면 그것은 다른 사람들, 모슬렘이 아닌 사람들의 잘못만은 아니라는 거지. 모슬렘들은 그들 사회의 나쁜 혹은 병든 부분을 고쳐 나가겠다고 결심해야 해. 설령 비모슬렘들이 이슬람을 믿는 민족들에게 나쁜 짓을 하더라도 자기 나라들의 모든 불행을 그들의 탓으로 돌려서는 안 돼. 각자 자기 몫만큼의 책임이 있으니까. 십자군은 아득히 먼 기억이야. 식민지화도 마찬가지고. 모슬렘 사이에 난폭한 광신도가 된 청년들이 있다면 그건 우리가 그들을 잘못 가르친 탓이고, 그들을 무식하고 거리낌없는 사람들의 손에 맡긴 탓이야. 우리는 그들이 발전·문화·생명을 사랑하도록 가르칠 줄도 몰랐고 가르치려고도 하지 않았어. 우리는 가난과 문맹이 판치도록 내버려뒀어. 우리는 자유를 두려워했고 부패와 불의에 맞서기 위해 아무것도 하지 않았어. 그 결과 젊은이들은 그들이 잘못 이해한 종교에 구원을 요청한 거야. 《코란》에서 말한 대로 그들은 길을 잘못 든 거야. 오류에 빠진 거지. 악의 뿌리가 항상 남들에게만 있는 것은 아니야."

"**거리낌**이 뭔데요?"

"네 신발 속에 들어가 걸음을 내딛을 때 발을 아프게 만드는 아주 작은 돌멩이를 뭐라고 부르는지 알지?"

"아니오. 성가신 작은 돌멩이요?"

"우리는 그것을 '거리낌'이라고 부른단다. 눈에 모래알이 들어가면 잘 수가 없는 것과 마찬가지야. 그것은 법·규칙·원칙 같은 것들에 의해 다듬어지지. 거리낌이 없는 사람들은 아무 문제 없이 잠을 자. 그들은 원칙을 무시하고도 거북해하지 않아."

여덟째 날

"아랍 세계가 몰락의 길을 겪기 시작했을 때 일어난 중요한 사건들이 뭐죠?"

"아랍 모슬렘 제국이 오스만 제국, 즉 터키 제국으로 넘어갔지. 터키인들은 이집트, 레바논, 시리아, 이란, 발칸 반도, 튀니지, 알제리에 정착했어. 모로코는 그들에게 저항했고 그들의 손아귀에서 **빠져나갈** 수 있었지. 16세기는 오스만 제국의 군사력이 절정에 달한 시기였어. 이슬람교가 국교가 됐지. 19세기에 대제국은 쇠퇴를 겪게 돼. 제1차 세계대전 후에 터키는 종교와 정치를 분리하면서 근대 국가가 되는 길을 택했지. 모든 모슬렘의 정신적·정치적 지도자인 칼리프 제도는 1922년 폐지됐어. 무스타파 케말 덕에 터키는 탈종교화된 나라가 됐지."

"**탈종교화**가 뭔데요?"

"탈종교화란 종교적이지 않다는 말이야."

"그러니까 신을 믿지 않는다는 건가요?"

"아니, 신을 믿으면서도 탈종교화될 수 있어. 탈종교성이란 종교를 이용해 사람들의 생활에 관한 법을 강요하지 않는 것을 말해. 프랑스에서는 정부와 교회의 분리를 선포한 1905년 10월 9일부터 탈종교성이 공식화됐지. 이를테면 프랑스의 공립 학교에서는 성직자들이 가르칠 권리가 없어. 반대로 그들은 그들 자신의 학교를 가질 권리가 있어. 가톨릭 교회, 유대교 회당, 이슬람교 사원들이 있지. 각자 자기가 가고 싶은 곳에 가서 기도할 권리가 있어. 국가는 종교의 행사에 개입할 수 없어. 터키는 모슬렘 국가 중 처음으로 탈종교화한 국가가 됐어."

"그게 중요한가요?"

"현재 일어나고 있는 일을 볼 때 종교와 정치를 분리하는 일은 매우 중요하단다. 그 둘 간에 경계를 설치하지 않는 한 문제들은 계속 발생할 거야. 프랑스의 모슬렘들은 프랑스 공화국의 법을 준수하면서 그들의 종교를 실천해야 한단다."

"어떻게요?"

"머리에 스카프를 두르고 대학에 다니던 모로코 여학생들을 기억하지?"

"아니오, 말씀해 주세요."

"교수들은 프랑스는 탈종교화된 나라이므로 학교에서 자신의 종교적 소속을 나타내어서는 안 된다고 하면서 그들을 수업에 받아들이기를 거부했단다."

"그래서 어떻게 됐나요?"

"많은 토론이 있었지. 결국 몇몇 여학생들은 스카프 두르는 것을 포기했어. 다른 여학생들은 부모 손에 끌려 학교를 그만두었지. 아이들로부터 교육받을 권리를 빼앗은 것은 잘못한 거야."

"저도 지난번에 텔레비전에서 머리에서 발끝까지 천으로 덮은 여자들을 봤어요. 꼭 유령 같았어요……."

"네가 본 건 이슬람교의 이름으로 남자들로부터 학대받는 아프가니스탄의 여성들이란다."

"근데 이슬람교에서는 여자들에게 온몸을 가리라고 강요하나요?"

"아니야. 너는 지금 아랍 세계에서는 히자브(hijab)라 부르고 이란에서는 차도르(tchador)라 부르는 천에 관해 말하고 싶은 게로구나. 이에 관해 《코란》에는 그저 기도하는 여성, 즉 신에게 말씀드리는 여성은 머리를 가리고 자신의 몸에 꼭 맞지 않고 헐렁한 옷을 입어야 한다고 적혀 있을 뿐이야. 이것은 기독교도들과 유대교도들에게서도 발견할 수 있지. 선정적인 차림의 여성, 이를테면 미니스커트나 가슴이 파인 블라우스를 입고 머리를 풀어 헤친 여성은 교회나 유대교회당에 들어갈 수 없어. 모슬렘 여성들은 이슬람 사원에 갈 권리는 있지만 남자들과 섞일 수는 없어. 그것은 사고나 소란이 벌어지는 것을 피하기 위해서야. 기도의 장소는 남성과 여성의 만남의 장소가 아니니까."

"그러니까 신이 **베일**에 관해 말씀하시긴 하셨군요."

"그래. 24장('빛') 31절에서 신은 여신자들에게 '시선을 낮추고' '베일로 가슴을 덮을' 것을 당부하셨어. 33장 59절에서는 예언자에게 이렇게 말씀하셨지. '너의 아내와 딸들에게, 그리고 신자들의 아내들에게 위에서 아래까지 내려오는 옷을 두르라고 말하라. 그렇게 하면 남들이 알아보기 어렵고 모욕당할 염려도 훨씬 적으니라.' 다시 말해 신자의 아내는 정숙하지 못한 여인들과 구별돼야 한다는 말이지."

"왜 신은 아내들에 관해 말씀하셨죠? 예언자는 아내가 여러 명이었나요?"

"이슬람교에서 남자는 네 명의 아내를 둘 수 있단다. 일부다처제라 부르는 거지."

"나도 알아요. 일처는 하나고 다처는 여럿이라는 걸요. 하지만 그건 공평하지 않아요!"

"네 말이 옳다. 그건 공평하지 않아. 너도 알다시피 《코란》의 본문을 주의 깊게 읽어보면 신자이면서 모범적인 모슬렘인 남자가 여러 명의 아내를 두기란 불가능하다는 것을 알 수 있단다. 왜냐하면 《코란》에는 '그들을 똑같이 사랑한다는 조건하에'라고 적혀 있거든. 다시 말해 각자에게 공평하고 공정해야 한다는 말이지. 그건 불가능한 일이거든. 네 여자를 동시에 똑같이 사랑할 수는 없어. 당연히 편애가 있게 마련이고 따라서 불공평도 있게 돼. 오늘날, 여성들이 여러 가지 권리들을 획득하고 있는 중이기 때문에 일부다처제는 점차 사라지고 있단다. 물론 모든 이슬람 국가에서 그런 것은 아니고 튀니지를 비롯한 몇몇 국가에 해당하는 이야기이긴 하지만. 튀니지에서는 일부다처제가 법으로 금지됐단다. 오늘날 아프가니스탄에서 하는 방식의 베일이나 일부다처제를 받아들이긴 힘들지."

"여성들이 반항하지 않았나요? 그랬으면 좋겠는데!"

"반항했지. 하지만 항상 반항한 것은 아니고 동시에 모든 여성이 반항하지도 못했단다. 다행히도 이집트, 모로코, 알제리 같은 모슬렘 국가의 여성 단체들이 가족법을 바꾸고, 남성과 같은 권리를 보장받기 위해 투쟁하고 있단다. 쉽지는 않아. 왜냐하면 비록 법 조항을 바꾸고 있다고는 하지만 관습의 전복을 머리로 수용하는 데에는 시간이 필요하기 때문이야. 바람직한 모슬렘은 정의로운 사람이어야 해. 따라서 여성도 일상 생활에서 남성과 똑같은 권리를 가질 수 있다는 점을 받아들여야 하지. 이슬람에서는 분명히 성(性)에 대해 말하는 게 창피하거나 수치스러운 게 아니라고 적혀 있다는 걸 알아 두거라. 아랍어로 이렇게 말하지. '라 하야아 피 디네(La haya'a fi dine).'"

"그게 무슨 말이죠?"

"이슬람교는 남녀 관계를 솔직하게 말한다는 뜻이지. 청년 시절 나는 《향기로운 정원》이라는 제목의 작은 책을 읽었단다. 15세기 튀니지의 수도자 체이크 나프자위가 쓴 책이지. 그것은 모슬렘 청년들을 위한 성교육 지침서란다. 물론 그 책은 아가씨들이 아닌 청년들을 대상으로 하고 있지. 체이크는 이슬람교에서는 이렇게 권고한다고 말하면서 자신의 생각을 표현하고 육체 관계를 맺는 법을 설명하고 있단다."

"본래 이야기로 돌아가요!"

"그러니까 터키 제국이 망한 뒤 이번에는 유럽인들이 무기와 짐을 들고 초대받지 않은 나라에 들어가 정착하기 시작했지. 프랑스인들은 1830년 알제리에, 영국인들은 1882년에 이집트에 상륙했어. 프랑스인들은 튀니지에 이어 1912년 모로코에 보호령을 건설했어."

"유럽인들이 왜 그 나라들에 갔나요?"

"그게 바로 식민지화라고 부르는 거지. 식민지화란 다른 나라 땅에 자기 나라 사람들을 영주할 목적으로 이주시키는 것을 말해. 즉 강제로 땅을 차지하고 법과 규칙들을 강제로 정하여 그 나라 국민이 복종토록 만드는 거지. 지배하는 거야."

"그건 부당해요!"

"그렇지. 그건 난폭하고 부당한 짓이지. 하지만 이 아랍 모슬렘 국가들을 점령할 수 있었던 것은 그 나라들이 몰락했기 때문이야. 몸이 아프면 방어할 수 없고 다른 질병들이 침략해도 어쩔 수 없이 당하고만 있는 것과 똑같아."

"사람들이 항거했나요?"

"그럼, 몇십 년 뒤 그들은 깨어났지. 독립 전쟁 가운데 가장 끔찍한 것은 1954년에 시작돼 1962년에 끝난 알제리 전투였어. 양쪽 모두 수십만 명의 사망자가 발생했어. 그뒤 알제리에서 태어나 살던 프랑스인들이 떠나야 했지."

"이슬람교는 이 전쟁들에서 어떤 역할을 했나요?"

"그럼. 종교와 문화의 자격으로 이슬람교는 모든 전사들을 통합했어. 그들이 연대감을 갖게 만든 거지. 하지만 이것이 종교 전쟁으로 탈바꿈하지는 않았어. 이 나라들은 독립 후 정치적 대혼란을 겪었지."

아홉째 날

"모슬렘들의 폭력성은 어디서 온 거예요?"

"모든 모슬렘이 폭력적인 것은 아니야. 절대로 일반화시키면 안돼. 어떤 종교도 전적으로 평화롭거나 전적으로 전쟁을 추구하지는 않는단다. 《코란》에는 사람들간의 사랑·정의·화합·평화·용서와 지혜를 권하는 구절이 많아. 그런가 하면 어쩔 수 없는 상황에서는 전투에 나가라고 모슬렘을 부추기는 구절도 있어. 폭력성은 어디에나 존재한단다. 게다가 오늘날 모슬렘들은 이슬람 초기에 그랬던 것처럼 제국을 형성하고 있지 않아. 모슬렘 공동체는 모든 대륙으로 흩어졌어. 나는 중국인이 모로코인, 또는 아프리카인, 또는 이슬람교로 개종한 유럽인과 똑같은 모슬렘 종교의 계율 관념을 갖고 있다고 생각하지 않아. 예언자가 죽은 다음 폭력 행위와 전쟁이 일어난 것은 사실이야. 이는 이슬람교가 일상 생활과 동떨어진 종교가 아니라는 사실 때문에 벌어진 일이야. 일상 생활이란 도시에서의 인간의 행동, 그들의 도덕, 그들의 공동체의 조직과 지휘에 몰두하는 것이지. 우리가 정치라고 부르는 거야. 그래서 1978년 이란의 왕정을 뒤엎고 이슬람 공화국을 창설한 이맘(마호메트의 후계자를 부르는 존칭) 호메이니는 '이슬람교는 정치다. 그렇지 않다면 아무것도 아니다'라고 말한 거야. 이렇듯 이슬람교는 기독교와 유대교보다 더 직접적으로 사람들의 생활을 지배하고 있어. 그래서 전쟁과 폭력에 대해 문이 개방된 거지. 정치는 흔히 권력을 잡기 위한 싸움이거든. 이란에서 그랬던 것처럼 만일 이 싸움이 이슬람교의 이름으로 행해진다면 거기서 행사되는 폭력의 책임은 당연히 이슬람교에게 돌아갈 거야."

"맞아요. 난 왜 오늘날 테러 때문에 이슬람교를 언급하게 됐는지 알고 싶고 이해하고 싶어요."

"네 말이 맞다. 그렇다면 끈기를 갖고 이슬람교의 역사를 계속 들어야겠지. 여기서 네게 **하샤신**이라 불리는 한 종파(종파란 '구루'로 불리는 스승을 맹목적으로 따르는 사람들의 무리를 일컫는다)에 관해 설명해야겠구나. 아랍어로 하시시는 '풀'을 뜻하고 더 일반적으로는 '마약'을 뜻하지. 하샤신은 마약 애호가, 풀을 말려 피는 사람을 말해. 이 종파는 11세기와 12세기에 서아시아 즉 시리아, 페르시아에 존재했지. 이 종파의 지도자로서 엄격하고 냉혹하고 독재적인 모슬렘이었던 하산 아스 사바흐(1166년 사망)는 '산의 노인'이라는 별명으로 불렸지. 구루(스승, 도사, 정신적 지도자를 뜻하는 산스크리트어)가 된 그는 카스피 해에서 멀지 않은 알라무트 성에 정착하고는 통치자들을 처벌하기 위해 원정대를 보냈단다. 원정대를 보내기 전에 그는 제자들에게 대마초를 피게 했단다. 그는 왕과 왕자들을 공포에 떨게 만들었어. 그의 군대는 공포·증오·살육을 의미했어. '하샤신'이라는 말은 프랑스어 '아사생(살인자)'이라는 말을 낳았지."

"'산의 노인'도 나쁜 모슬렘이었나요?"

"그는 시아파였는데 자신이 신비로운 존재로 남기를 바랐어. 사람들은 오늘날 자살 테러를 자행하는 자들을 '산의 노인'의 제자들과 비교했어. 하지만 다시 한번 말하지만 이슬람교가 그렇게 시킨 게 아니야."

"나도 말아요. 이슬람이란 말은 죄를 범하지 말고 '평화를 따르라'는 뜻이에요. 하지만 테러를 저지른 사람들은 모슬렘이잖아요."

"맞아. 하지만 모슬렘이 이슬람교는 아니란다."

"그게 무슨 소리예요?"

"그게 무슨 소리냐 하면 하나의 종교가 그것을 내세우는 모든 사람들에 의해 똑같이 이해되지는 않는다는 말이야."

"좋아요. 그 다음에 무슨 일이 벌어졌나요?"

"이슬람교는 아프리카와 아시아로 많이 퍼졌단다. 가장 큰 모슬렘 국가는 아시아에 있는 인도네시아라는 것을 너도 알지? 7세기에는 몇백 명에 불과하던 모슬렘이 지금은 10억 명이 넘는단다."

"전 세계에 10억 명의 모슬렘이 있다구요! 왜 그렇게 많은 사람들이 모슬렘이 됐죠?"

"아랍인은 모슬렘이 된 아시아인에 비하면 소수야. 아랍인이라고 해서 모두 모슬렘인 것은 아니거든. 이집트에는 기독교를 믿는 아랍인들이 있고(콥트교도들이 그들이야. 인구의 15퍼센트를 차지하지) 레바논에는 마론교도들이 있어. 그들은 아랍어로 미사를 올리는데 무척 아름답단다."

"그럼 프랑스에서는 어떤가요?"

"이슬람교는 프랑스의 두번째 종교란다. 모슬렘의 수가 4백만 명에 달하지. 대부분은 마그레브〔모로코, 튀니지, 알제리를 포함하는 북아프리카 지방〕사람들이야. 나머지는 터키인, 아프리카인, 파키스탄인, 이집트인 등이지. 이슬람교에는 성직자가 없기 때문에 이 모든 공동체의 단일 대표를 지명하는 데 의견의 일치를 볼 수가 없단다."

"아빠는 모슬렘과 기독교도들이 이곳 프랑스와 유럽의 다른 곳에서 평화롭게 공존할 수 있다고 생각하나요?"

"두 종교 사이에 전쟁은 없어. 프랑스의 모슬렘들은 운

좋게도 그들의 종교를 자유롭게 실천할 수 있는 권리를 보장해 주는 민주 국가에 살고 있어. 하지만 프랑스는 탈종교화된 나라라는 것, 즉 어떤 종교도 국교(國敎)가 아니라는 것을 잊어서는 안돼. 모든 종교가 존재할 권리가 있지만 어떤 종교도 다른 것들을 지배할 수는 없는 거야. 자 이제 우리가 혼혈이라 부르는 것을 찬양한 《코란》 구절을 인용하면서 끝내겠다. '오 너희 인간들아/사실 우리는 하나의 남성과 하나의 여성으로부터 너희들을 만들었다. 그리고 우리가 너희들을 부족과 민족으로 구성해 준 것은 너희들이 서로서로 알게 하기 위함이다.'"(49장 13절)

"어떤 단어들을 들었는데 그 의미를 알고 싶거든요. 설명해 주실 수 있어요?"

"어떤 단어들인데?"

"교조주의자들이요."

"사전에 따르면 그 단어는 '국가가 교회에 종속되기를 바라는 당의 당원'을 뜻하는 스페인어 인테그리스타(inte-grista)에서 따온 말이야. 그런데 이 개념 안에는 뭔가 좋은 것을 의미하는 '청렴한'이라는 단어가 들어 있어. 청렴한 사람은 성실하고 원칙과 가치관에 충실하지. 이 단어의 반대말은 '부패한'이야. 부패한 사람은 돈에 팔린 사람이야. 그는 돈이나 이익을 위해 자신의 가치관과 원칙을 희생시키지."

"그런데 '교조주의자'가 이슬람교와 관계가 있나요?"

"극단적인 모슬렘들이 자신들의 행동을 가리키기 위해 이 단어를 사용하지는 않아. 오히려 종교 의식을 행할 때 엄격함을 중시하는 가톨릭교도들을 가리킬 때 사용됐지. 이를테면 라틴어로만 미사를 올리기를 원하는 사람들 말이야. 모슬렘들이 초기에 더욱 충실하고 더욱 엄격한 이슬람교를 요구하기 시작했을 때 언론이 그들을 '교조주의자'란 단어로 불렀지."

"그럼 그들은 자신들을 어떻게 정의내리나요?"

"그들은 자신들이 **이슬라미스트**들이라고 말해. 그들끼리는 모두 형제라고 부르지. 이것은 1928년 이집트의 작은 마을 이스마일리아에서 초등학교 교사인 하산 알 반나가 조직한 최초의 단체로부터 온 말이야. 그 단체의 이름이 '모슬렘의 형제들'이었거든. 그는 풍속의 파괴, 모슬렘들에 대한 유럽인들의 영향에 맞서 투쟁했지. 그는 의회 민주 정치 제도를 위해 싸우던 이집트의 민족주의 정당 와프드에 반대했어. 지도자들 가운데 하나인 사예드 코트브는 '나세르 반역 음모' 혐의로 체포되고 고문당하고 사형 선고를 받은 뒤 1966년 8월 29일 처형됐지. 그의 스승인 알 반나는 이렇게 말했어. '모든 모슬렘은 이슬람의 깃발이 펄럭이던 모든 땅을 조국으로 생각하고 반드시 지켜야 한다. 모슬렘은 이를 위해 일하고 성전에서 싸워야 한다.' 운동은 이집트와 다른 모슬렘 나라들로 이어졌어. 그들은 튼튼한 조직을 이루어 가난하고 아픈 사람들에게 경제적인 도움을 주었고 사예드 코트브가 남긴 많은 책들의 의견을 따랐어. 사예드 코트브는 무척 학식이 높은 사람이었거든.

이슬라미스트들의 설교를 들어 보면 그들이 시대에 맞지 않는 생활 양식, 행동 양식, 복장 양식을 무력으로 강요하려 든다는 것을 알 수 있지. 그들은 단순한 사실을 잊고 있어. 즉 이슬람교가 14세기에 발생했다는 거야. 이슬람교의 문서들에는 모든 시대에, 영원히 유효한 가치들이 적혀 있어. 그리고 이슬람교가 탄생한 시기와 관계되고 더 이상 현대에는 들어맞지 않는 것들이 있어. 그들은 예언자의 시대로 돌아가기를 바라는 마음에 마호메트의 메시지를 매우 좁고도 도식적으로, 과장되며 왜곡되게 이해하고 있지."

"이를테면요?"

"'이슬라미스트들'은 여성이 남성과 동등한 것도, 권리를 갖는 것도, 자신의 운명을 스스로 결정하는 것도 인정하지 않아. 그들은 여성들이 자신의 권리를 포기하기를 바라고 일부다처제를 찬성하지."

"**포기**하면 어떻게 되는데요?"

"남편은 아내의 의견을 묻지 않고도, 그리고 판사나 변호사를 거치지 않고도 이혼할 수 있어. 종교적인 문제를 담

당하는 관리를 만나 자기 아내에게 통지서를 보내 달라고 하면 돼."

"그건 불공평해요."

"공평하지도 인간적이지도 않지. 그래서 근대화되기를 바라는 일부 모슬렘 국가들에서는 변화되고 있는 중이야. 관습적으로 우리는 여성에게 이렇게 말하지. '남편에게 복종해야 한다. 만일 남편이 없으면 아버지에게 복종해야 하고 아버지가 없으면 형제에게 복종해야 한다.' 여성들은 이렇게 혹은 저렇게 옷을 입으면 안 된다고 말하는 사람들은 이것이 여성에게 남성과 같은 권리를 부여하지 않는 《코란》의 몇몇 구절, 또는 그들 방식대로 해석한 다른 구절들에 의거한 것이라고 말하지. 여성이 더 이상 이슬람교의 이름으로 낮게 평가되거나 무시당하지 않도록 모슬렘 국가들에서 조치들을 취했으면 좋겠구나. 권리 면에서 여성은 남성과 동등해야 해. 여성을 학대하는 자들은 신이 불의나 모욕을 좋아하지 않으신다는 것을 잊고 있어. 그들은 《코란》을 왼 것은 분명하지만, 글자 그대로의 의미가 마음에 드는 구절들만 염두에 둔 사람들이야. 하지만 《코란》은 얼마든지 다양한 해석이 가능하거든. '교조주의'라고 부르는 것은 이슬람교와 진짜 모슬렘들에게 피해를 입혔어."

"그들은 일부러 그러는 건가요, 아니면 교양이 없는 건가요?"

"가장 나쁜 건 좀 배웠다 하는 자들이야."

"'좀 배웠다 하는 자들'이 누군데요?"

"읽을 줄은 알지만 자기가 읽은 것을 이해하지 못하는 사람들이지. 그들은 자기들이 박식한 줄 알지만 사실 그들은 무지한 자들이야. 위험한 자들이지."

"**근본주의자**라는 단어는 무슨 뜻인가요?"

"'교조주의자'라는 말과 마찬가지로 세상의 변화를 무시하고 이슬람의 근본 원칙들로 돌아간다는 뜻이야."

"**지하드**란 말은요?"

"지하드는 '노력'을 의미해. 모슬렘들은 그 말을 우선 '자기 감정을 억제하려는 노력,' '유혹과 악의 매력에 대한 저항'으로 이해했어. 그 다음 예언자가 그의 메시지를 믿지 않는 메카의 주민들에게 위협당하고 박해당할 때 그 말은 전투에 대한 부름으로 사용됐어. 예언자가 죽은 뒤 이슬람의 확장은 전투에서 이루어졌어. 11세기, 그러니까 기독교인들이 모슬렘을 무찌르기 위해 출정하기로, 다시 말해 '십자군'에 나가기로 결심했을 때 모슬렘들은 공격자들을 상대로 지하드, 즉 전쟁을 선포했지. 오늘날 이 말은 더 이상 의미가 없게 됐어. 왜냐하면 이슬람교는 평화적으로 전파되고 있고 실제로 아무도 이슬람교를 박해하지 않기 때문이야. 그러니까 오늘날 이 말을 사용하는 사람들은 오독하고 있는 거야. 그들은 다른 사람들에게 겁을 주려 하고 있어."

"**파트와**란 말은요?"

"그 말은 '받아쓰게 하다'는 뜻의 동사 파타(fata)에서 유래한 말이야. 여기서 파트와는 어떤 종교적 영역의 견해를 의미해. 하지만 그것이 법은 아니야. 《코란》을 잘 아는 누군가, 어떤 전문가, 종교학 교수가 파트와를 말하지. 하지만 누군가가 어떤 파트와, 이를테면 용납할 수 없는 것으로 판단되는 것을 쓰거나 말한 모슬렘을 죽이라는 명령 같은 것을 발언한다면 그건 남용이야. 이슬람교는 파트와를 적용되어야 하는 법이나 명령으로 인정하지 않거든."

"**샤리아**는요?"

"샤리아는 과거의 종교인들이 제시한 행동 방침, 도덕을 말해. 《코란》과 예언자의 말을 토대로 하고 있지. 어떤 이들에게 샤리아는 도덕 이상이고 법적인 틀, 다시 말해 모슬렘들이 일상 생활에서 실천해야 하는 규범 전체를 의미하기도 해. 하지만 샤리아는 의무적인 것이 아니야. 모든 모슬렘 국가들이 그것을 적용하는 것도 아니고. 대부분의 모슬렘 국가들에게 그것은 현대의 법과 생활과는 맞지 않는 회고를 의미하거든."

"**관용**은요?"

"'묵인하다'라는 말은 '참다' '받아들이다'라는 뜻이야. 구체적으로 이런 뜻이지. '나는 너와 같지 않고 너의 종교도 믿지 않고 네 나라 사람도 아니고 네 생각에 동의하지도 않는다. 하지만 나는 네가 내 옆에 존재한다는 것, 네 종교를 실천하고 네 나라 말을 하고 네가 생각하고 싶은 것을 생각하는 것을 받아들여. 하지만 반대로 너 또한 나의 존재를 받아들여야 한다.' 관용은 상호적일 때에만 의미가 있어. 불관용, 그것은 자기와 다른 사람들은 받아들이지 않는 것, 심지어 배척하는 행위야. 불관용은 인종차별주의를 조장하지."

"모든 것을 묵인해야 하나요?"

"아니야, 인종차별주의, 모욕 같은 것은 묵인해서는 안 돼."

"**모욕**이 뭔데요?"

"누구를 모욕하는 것은 그에게 창피를 주는 것, 그로부터 인간으로서의 자격, 즉 그의 품위·자존심을 빼앗는 거야. 그의 인격에 상처를 입히고 고통을 주고 부당한 일을 당하게 만드는 거지."

"이슬람교는 관용적인 종교인가요?"

"처음에는 어떤 종교도 관용적이지 않아. 모든 종교는 자신이 유일한 종교이며 자신만이 옳다고 사람들을 설득하려 하지. 하지만 《코란》 같은 성스러운 책들을 읽어 보면 이슬람교는 유대교도들과 기독교도들을 싸우게 하려고 온 것이 아니라는 걸 알게 돼. 따라서 다른 종교와 그 예언자들을 인정하는 이슬람교는 스스로 관용적이기를 바라는 이슬람교인 것이지. 이슬람교가 관용적인 종교에 포함되는 것을 입증하는 3개의 구절을 인용해 볼게. 2장 256절에 나오는 '종교 면에서 어떠한 강제도 없다'는 말은 즉, 사람들을 이슬람교로 개종토록 강요하거나 이미 모슬렘인 사람에게 지도자의 힘으로 제정된 규칙에 따라 행동하도록 강요하면 안 된다는 뜻이야. 109장 6절에 나오는 '너는 네 종교, 나는 내 종교'라는 말은 취향이나 색깔과 마찬가지로 종교적인 믿음은 토론의 대상이 아니고 상호 존중해야 함을 뜻하는 것이 분명해. 28장 56절의 '네가 원하는 자를 네가 인도하는 것이 아니고, 신께서 당신이 원하는 자를 인도하신다'라는 문장의 뜻은 명백해. 이슬람교는 아무에게도 자신의 메시지를 믿으라고 강요하지 않으며 각자 자신의 신앙을 가질 권리와 존중받을 권리가 있다는 말이야. 마찬가지로 그도 타인의 신앙을 존중해야 해. 그러니까 그 누구에게도 신을 대신해 신자들에게 명령을 내릴 권리는 없어. 다시 말해 자칭 이슬람교의 지도자라고 하는 자들은 잘못을 저지르고 있는 거지. 이슬람에는 성직자, 즉 신과 인간 사이의 중개자가 없어. 다른 종교에 있는 사제나 랍비가 없지. 지상에서 신을 대표하는 최고 지도자인 교황도 없어. 다만 이맘이 있지. 이맘이란 사원에서 기도를 주재하고 금요일마다 설교하는, 일정한 자격을 갖춘 사람들을 말해. 이맘은 도덕적인 권위는 있지만 사제나 랍비와 같은 역할을 하지는 않아. 하지만 다른 종교와 마찬가지로 이슬람교에도 광신자들, 다시 말해 자기들처럼 생각하지 않고 믿지 않는 사람들을 참지 못하는 자들이 있어. 그들은 소수지만 슬프게도 적극적이고 해로워! 그들은 모슬렘들에게도 모슬렘이 아닌 사람들에게도 똑같이 피해를 끼치지. 광신자들은 이슬람의 이름으로 행동하지만 사실 그들은 《코란》을 공부한 적이 없는 문맹자들이거나 혹은 자신의 정치 활동을 널리 퍼트리기 위해, 즉 자신의 이익을 위해 이슬람을 이용하는 지식인들인 경우가 많아. 그들이 바로 '반(半)교양인들'이야. 튀니지의 한 시인이 말했다시피 '이슬람은 병들었어.' 우리는 지금 그 결과를 치르고 있는 거야. 여기서 우리는 이 대화의 처음 부분으로 돌아가는구나. 2001년 9월 11일 일어난 미국인들에 대한 테러 사건들 말이다."

"그들은 왜 그런 짓을 저질렀죠?"

"왜냐하면 그들은 일부 아랍인들과 모슬렘들의 고통에 대한 책임이 미국에 있다고 생각하거든. 그리고 그들은 심판자를 자처하는 지도자들에 의해 길을 잃었어. 그들은 잘못을 저지르고 있으면서도 그것을 인정하기를 거부해. 그리고 같은 지도자들에 의해 '선동되어' 의심과 생각이란 것이 아예 제거됐지. 지도자들은 그들에게 신은 순교자를 사랑하며 순교자를 천국으로 보내는 것으로 보답해 준다고 말하거든. 그들은 다른 사람들의 생각과 문화를 존중하기 위한 관용 교육을 받은 적이 없어. 하지만 이슬람교는 한번도 증오·범죄·자살을 가르친 적이 없어. 아주 엄하게 처벌하기도 하는걸."

"순교자는 어떤 사람인가요?"

"'신의 길 위에서' 죽음을 만난 사람이란다. 순교자란 공격당한 이슬람교를 보호하기 위해, 모슬렘으로서 싸울 때 자신을 지키기 위해 다른 나라의 점령으로부터 조국을 해방시키기 위해 신앙의 이름으로 전투에 나가 죽은 모슬렘을 말해. 순교자를 일컫는 아랍어 단어는 두 가지가 있지. 피다 이(목숨을 내어놓는 사람)와 샤히드(증명하는 사람). 신은 순교자에게 천국을 약속하시지."

"탈레반은요?"

"아랍어 동사 탈라바는 '요구하다'라는 뜻이야. 탈레브는 지식·교육을 요구하는 사람이고. '탈레반'이란 말은 학생들을 가리키는 말이 아니라 스스로 종교적이라고 말하는 하나의 운동이야. 아프가니스탄에서 처음 나타나 여성과 예술에 대한 증오를 그 특징으로 삼았지. 이렇듯 탈레반은 여자들을 공포에 떨게 만들고 여자들이 학교에 가거나 관공서에서 일하는 것을 금하고 운동이나 음악을 즐기지 못하게 해. 여자들은 아파도 치료받지 못해. 그들은

'부도덕'하다고 판단되는 여자들은 돌을 던져 죽이고, 부부간에 부정을 저지른 죄인들은 산 채로 매장하지……. 그들은 지난 시대의 규율을 고수하고 있어. 이를테면 도둑의 손을 자른다던가 법정을 거치지 않고 사형을 선고받은 사람을 경기장에서 처형하는 행위가 그래. 그들도 《코란》의 구절을 조금 알기는 하지만 대부분은 읽지도 쓰지도 못해. 그러면서도 이 모든 짓을 이슬람의 이름으로 저지른단다."

"미친 사람들이군요."

"그래. 그들은 분별력을 잃었고 위험해. 무식하고 야만스러워. 그들은 이슬람과 그 문명을 몰라. 그들을 그냥 내버려두면 결국 그 문화를 망치고 말 거야."

"이슬람교에서는 그림을 금지한다는 게 사실인가요?"

"아니 그건 아니야. 이슬람교에서 금지되는 건 신이나 예언자 마호메트를 그리는 거지. 그들의 얼굴을 그리면 안돼. 신은 영(靈)이시거든. 어떻게 영을 그릴 수 있겠니? 마호메트의 경우 중요한 건 그의 영이야. 형상화할 수 없지. 하지만 그밖의 것은 누구든 무엇이든 그릴 수 있어. 페르시아에는 무척 아름다운 회화와 데생, 옛날 원고를 장식한 채색 삽화의 전통이 있지."

"이제 알겠어요! 이슬람교가 있고 그리고 모슬렘이 있어요. 어떤 사람들은 예언자의 메시지를 제대로 이해했지만 그것을 잘못 이해하거나 이해한 척하고 과거로 돌아가고 싶어하는 사람들도 있어요. 근데 이슬람교의 상황들을 바꿀 수는 없나요?"

"우리는 현대를 살고 있고 그래서 너는 이슬람교가 현대 생활에 적응하기를 바라는 거지. 네 말이 옳다. 긍정적인 방향으로 상황을 바꾸려고——이를테면 여성의 지위를 개선하는 것——노력하는 사람들은 많은 어려움에 부딪쳤어. 다른 종교들처럼 이슬람교에는 영원히 변하지 않는 것과 일시적인 것, 즉 한 시대 동안에는 변할 수 있지만 길게 보면 변할 수 없는 것이 있지. 문제는 어떤 이들은 모든 것이 영원하고 아무것도 달라져서는 안 된다고 말하고, 다른 이들은 우리가 사는 시대에 이슬람교를 맞출 수 있다고 말한다는 거야. 일부 모슬렘 국가에서는 자유를 받아들이지 않고 있는데 어떻게 종교에 손을 대기를 기대할 수 있겠니? 내가 전에 말한 것처럼 가장 중요한 것, 가장 시급한 것은 종교와 정치를 분리하는 거야. 나라를 다스리는 사람들이 종교에 기대는 한, 우리는 많은 문제와 장애를 겪게 될거야. 광신적 행위와 그에 따르는 것, 다시 말해 테러와 무지 말이야."

"그게 뭔데요?"

"다른 종교와 마찬가지로 이슬람교는 여성에게 몇 가지 권리를 보장하고 있긴 해도 여성이 남성과 동등하다는 주장에 아주 호의적이지는 않아. 오늘날 모슬렘 사회들은 변화의 필요성을 느끼고 있어. 사람들은 예언자의 첫번째 아내인 카디자가 사업을 하는 여성, 남자의 일을 하는 상인이었다는 사실을 잊고 있어. 우리는 여성의 지위와 역할을 참고하여 오늘날 여성의 여건을 개선할 수 있어. 이슬람교도 여성들에게 권리를 주는 법률을 금하지 않아. 그런데 남자들이 남녀간 권리의 평등을 수립하는 것을 두려워하지. 오직 튀니지만 법을 바꿔 여성이 예전보다 더 잘 스스로를 방어할 수 있게 했지. 사우디아라비아에서 여자는 자동차를 운전할 권리도 없어. 아프가니스탄 여성들은 가장 야만적인 탈레반의 법을 따라야 했어. 하지만 탈레반은 이슬람교를 전혀 이해하지 못하고 왜곡한 자들로, 그 결과 모든 모슬렘 공동체가 그들로 인해 고통을 겪었으며 그 고통은 지금도 계속되고 있어. 그들은 인류 문명의 유산에 속하는 오래된 불교 조상들을 파괴했어."

"그럼 우리가 어떻게 해야 되죠?"

"무지에 맞서 싸워야지. 그들을 광신자로 만들고 너그럽지 못하게 하는 것이 무지이거든. 아무것도 모르면서 모든 것을 안다고 믿는 사람보다 위험한 것이란 없거든. 다행히도 모슬렘 여성들은 단체를 조직해 그들의 권리를 요구하고 있어. 정의로운 세상을 만들기 위해 해야 할 일이 많단다."

"어떻게 싸우는데요?"

"학교에서부터 시작해야지. 여학생들은 상급 학교까지 다녀야 해. 이를테면 사춘기가 되어 학교를 그만두라고 강요해도 그것을 거부해야 해. 나아가 아랍의 모슬렘 국가들은 교과서를 재검토하고 관용, 남녀의 권리 존중을 생각하면서 다시 써야 해. 요컨대 인류의 문명을 발전시킨 위대한 모슬렘 학자들의 예를 보여 주고, 폐쇄적인 사고를 조장하거나 아이들에게 남자가 여자를 때리는 것이 당연하고 여자는 남자가 일하는 동안 집을 지켜야 한다는 등의 잘못된 생각이 담긴 내용은 교과서에서 삭제해야 해. 이슬람도 다른 종교들과 동등한 위치에 놓고 가르쳐야 해. 그리고 전쟁 없이 확장된 것이 아니라는 진실을 말해야 해. 또한 시대는 변하며 우리는 예언자의 시대에 살았던 것처럼 살 수 없다는 것도 말해야 해. 다시 말해 마호메트의 메시지를 모두 지키고 신을 믿으면서도 우리에겐 변화할 권리, 즉 그의 믿음과 기본적인 가치들을 포기하지 않은 채 현대 생활에 적응할 권리가 있다는 거야. 학생에게는 자기만의 의견을 가질 수 있도록 모든 수단을 제공해야 돼. 아이에게는 자유를 줘서 이런저런 종교에 영향받지 않도록 하는 게 무척 중요해. 이것은 엄청난 작업이지만 시작이 중요해. 우리가 이제 막 그 일을 시작했어. 우리의 대화를 마치기 전에 너에게 단어 목록을 줄 테니 공통점을 말해 보렴.

알파벳 순으로:

abricot(살구), alcool(알코올), alg bre(대수학), algorithme(알고리듬, 산식), almanach(달력), amalgame(아말감, 혼합물), ambre(호박), amiral(해군 대장), amulette(부적), artichaut(아티초크라는 식물 이름), aval(하류), avarie(파손), azimut(방위각), azuré(하늘빛의)

baldaquin(침대의 닫집), banane(바나나), baroque(바로크), benjoin(안식향), benzine(벤진), bergamote(배의 일종), blouse(작업복)

cabas(광주리), câble(로프), café(커피), calibre(총포의 구경), camélia(동백꽃), camelot(낙타 털로 짠 모직물), camphre(장뇌), carafe(물병), caravelle(쾌속 범선), carrousel(퍼레이드), chèque(수표), chiffre(숫자), chimie(화학), civette(사향고양이), coupole(둥근 지붕), cramoisi(진홍빛의)

dame(부인), divan(등, 팔걸이 없는 긴 의자), douane(세관), drogue(마약)

échecs(체스), éden(낙원), émeraude(에메랄드), épinard(시금치), estragon(타라곤이라는 풀)

fanfare(팡파르), felouque(해적들이 타는 펠리커선), fondouk(대상들의 여인숙)

gala(축제), gaze(거즈), gazette(수다쟁이), girafe(기린), guitare(기타)

hasard(우연), haschisch(하시시)

jaquette(재킷), jasmin(재스민), jupon(페티코트)

laque(라크, 래커), lilas(라일락), limonade(레몬수), luth(류트)

magasin(상점), matelas(매트), mesquin(천한), mohair(모헤어, 앙고라 양모), momie(미라), mousseline(모슬린), mousson(계절풍), mulatre(흑백 혼혈의)

orange(오렌지), ouate(솜)

raquette(라켓), risque(위험), riz(쌀), roque(체스의 로크)

saccharine(사카린), safari(아프리카의 수렵 여행), safran(사프란), santal(백단향), saphir(사파이어), satin(사틴), sofa(소파), sorbet(샤베트), soude(소다), sucre(설탕)

tabouret(걸상), taffetas(호박단), talc(활석), talisman(부적), tare(결함), tarif(가격표), troubadour(중세 남프랑스의 음유시인)

x(x)

zenith(천정점)

"이 단어들을 다는 모르거든요. 그래서 공통점도 못찾겠어요."

"이것들은 모두 아랍 어원에서 나온 프랑스어 낱말들이란다. 내가 인용하지 않은 것도 많아. 오늘날 라틴어와 다른 언어에서 사용되고 있지만 아무도 그 어원이 아랍어라고는 생각지 않지."

"'x'도 아랍어인가요?"

"기이하게도 이 문자는 아랍어의 알파켓에 존재하지는 않지만 아랍의 수학자들은 미지의 것 chai을 약자로 ch로 불렀단다. 그런데 옛날 스페인어에서 기호 'x'는 'ch'의 소리와 일치했거든."

"아빠 참 많이 아시네요!"

"아니야, 나도 이 모든 단어를 사전에서 찾았단다. 우리의 대화를 마치기 전에 네게 예언자 마호메트의 말씀 2개를 인용해 주마(우리는 이 말들을 하디스라고 부른단다). '요람에서 무덤까지 지식을 탐구하라. 왜냐하면 지식을 갈망하는 자는 신을 경배하기 때문이다.' '학문을 연구하는 일은 금식과 같은 가치가 있고 학문을 가르치는 일은 기도와 같은 가치가 있다.' 이렇듯 예언자는 지식의 획득을 이슬람교의 두 기둥, 즉 라마단의 금식과 매일 기도만큼이나 중요하게 간주하고 있단다."

타하르 벤 젤룬

모로코 태생의 프랑스어 작가. 1944년 페스에서 태어남. 라바트대학교에서 철학을 공부, 테투앙과 카사블랑카에서 교사를 지냄. 1971년 프랑스로 가서 사회심리학을 공부하고 심리치료가로 활동. 《르 몽드》 등 많은 잡지에 기고. 1987년 《신성한 밤 *La Nuit sacrée*》으로 공쿠르상을 받고 프랑스에서의 라시즘에 반대하는 참여로 유명해짐. 1994년 그의 작품 전체로 누레딘 아바 재단의 문학상 수상. 같은 해 《지친 사람 *L'Homme rompu*》으로 메디테라네 상 수상.

김교신
서강대학교 불문과 졸업
역서: 《라틴 문학의 이해》《노동의 종말에 반하여》
《경제, 거대한 사탄인가?》《위기의 대학》
《문학은 무슨 소용이 있는가?》《맞불·2》
《행복해지기 위해 무엇을 배워야 하는가?》

현대신서
304

아이들에게 들려주는 이슬람 이야기

초판발행 : 2006년 2월 10일

東 文 選

제10-64호, 78. 12. 16 등록
110-300 서울 종로구 관훈동 74
전화 : 737-2795

ISBN 89-8038-818-7 04280
ISBN 89-8038-050-X(세트 : 현대신서)

【東文選 現代新書】

1	21세기를 위한 새로운 엘리트	FORESEEN 연구소 / 김경현	7,000원
2	의지, 의무, 자유 — 주제별 논술	L. 밀러 / 이대희	6,000원
3	사유의 패배	A. 핑켈크로트 / 주태환	7,000원
4	문학이론	J. 컬러 / 이은경·임옥희	7,000원
5	불교란 무엇인가	D. 키언 / 고길환	6,000원
6	유대교란 무엇인가	N. 솔로몬 / 최창모	6,000원
7	20세기 프랑스철학	E. 매슈스 / 김종갑	10,000원
8	강의에 대한 강의	P. 부르디외 / 현택수	6,000원
9	텔레비전에 대하여	P. 부르디외 / 현택수	10,000원
10	고고학이란 무엇인가	P. 반 / 박범수	8,000원
11	우리는 무엇을 아는가	T. 나겔 / 오영미	5,000원
12	에쁘롱 — 니체의 문체들	J. 데리다 / 김다은	7,000원
13	히스테리 사례분석	S. 프로이트 / 태혜숙	7,000원
14	사랑의 지혜	A. 핑켈크로트 / 권유현	6,000원
15	일반미학	R. 카이유와 / 이경자	6,000원
16	본다는 것의 의미	J. 버거 / 박범수	10,000원
17	일본영화사	M. 테시에 / 최은미	7,000원
18	청소년을 위한 철학교실	A. 자카르 / 장혜영	7,000원
19	미술사학 입문	M. 포인턴 / 박범수	8,000원
20	클래식	M. 비어드·J. 헨더슨 / 박범수	6,000원
21	정치란 무엇인가	K. 미노그 / 이정철	6,000원
22	이미지의 폭력	O. 몽젱 / 이은민	8,000원
23	청소년을 위한 경제학교실	J. C. 드루엥 / 조은미	6,000원
24	순진함의 유혹 [메디시스賞 수상작]	P. 브뤼크네르 / 김웅권	9,000원
25	청소년을 위한 이야기 경제학	A. 푸르상 / 이은민	8,000원
26	부르디외 사회학 입문	P. 보네위츠 / 문경자	7,000원
27	돈은 하늘에서 떨어지지 않는다	K. 아른트 / 유영미	6,000원
28	상상력의 세계사	R. 보이아 / 김웅권	9,000원
29	지식을 교환하는 새로운 기술	A. 벵토릴라 外 / 김혜경	6,000원
30	니체 읽기	R. 비어즈워스 / 김웅권	6,000원
31	노동, 교환, 기술 — 주제별 논술	B. 데코사 / 신은영	6,000원
32	미국만들기	R. 로티 / 임옥희	10,000원
33	연극의 이해	A. 쿠프리 / 장혜영	8,000원
34	라틴문학의 이해	J. 가야르 / 김교신	8,000원
35	여성적 가치의 선택	FORESEEN연구소 / 문신원	7,000원
36	동양과 서양 사이	L. 이리가라이 / 이은민	7,000원
37	영화와 문학	R. 리처드슨 / 이형식	8,000원
38	분류하기의 유혹 — 생각하기와 조직하기	G. 비뇨 / 임기대	7,000원
39	사실주의 문학의 이해	G. 라루 / 조성애	8,000원
40	윤리학 — 악에 대한 의식에 관하여	A. 바디우 / 이종영	7,000원
41	흙과 재 [소설]	A. 라히미 / 김주경	6,000원

42	진보의 미래	D. 르쿠르 / 김영선	6,000원
43	중세에 살기	J. 르 고프 外 / 최애리	8,000원
44	쾌락의 횡포·상	J. C. 기유보 / 김웅권	10,000원
45	쾌락의 횡포·하	J. C. 기유보 / 김웅권	10,000원
46	운디네와 지식의 불	B. 데스파냐 / 김웅권	8,000원
47	이성의 한가운데에서 — 이성과 신앙	A. 퀴노 / 최은영	6,000원
48	도덕적 명령	FORESEEN 연구소 / 우강택	6,000원
49	망각의 형태	M. 오제 / 김수경	6,000원
50	느리게 산다는 것의 의미·1	P. 쌍소 / 김주경	7,000원
51	나만의 자유를 찾아서	C. 토마스 / 문신원	6,000원
52	음악적 삶의 의미	M. 존스 / 송인영	근간
53	나의 철학 유언	J. 기통 / 권유현	8,000원
54	타르튀프 / 서민귀족 〔희곡〕	몰리에르 / 덕성여대극예술비교연구회	8,000원
55	판타지 공장	A. 플라워즈 / 박범수	10,000원
56	홍수·상 〔완역판〕	J. M. G. 르 클레지오 / 신미경	8,000원
57	홍수·하 〔완역판〕	J. M. G. 르 클레지오 / 신미경	8,000원
58	일신교 — 성경과 철학자들	E. 오르티그 / 전광호	6,000원
59	프랑스 시의 이해	A. 바이양 / 김다은·이혜지	8,000원
60	종교철학	J. P. 힉 / 김희수	10,000원
61	고요함의 폭력	V. 포레스테 / 박은영	8,000원
62	고대 그리스의 시민	C. 모세 / 김덕희	7,000원
63	미학개론 — 예술철학입문	A. 셰퍼드 / 유호전	10,000원
64	논증 — 담화에서 사고까지	G. 비뇨 / 임기대	6,000원
65	역사 — 성찰된 시간	F. 도스 / 김미겸	7,000원
66	비교문학개요	F. 클로동·K. 아다-보트링 / 김정란	8,000원
67	남성지배	P. 부르디외 / 김용숙	개정판 10,000원
68	호모사피언스에서 인터렉티브인간으로	FORESEEN 연구소 / 공나리	8,000원
69	상투어 — 언어·담론·사회	R. 아모시·A. H. 피에로 / 조성애	9,000원
70	우주론이란 무엇인가	P. 코올즈 / 송형석	8,000원
71	푸코 읽기	P. 빌루에 / 나길래	8,000원
72	문학논술	J. 파프·D. 로쉬 / 권종분	8,000원
73	한국전통예술개론	沈雨晟	10,000원
74	시학 — 문학 형식 일반론 입문	D. 퐁텐 / 이용주	8,000원
75	진리의 길	A. 보다르 / 김승철·최정아	9,000원
76	동물성 — 인간의 위상에 관하여	D. 르스텔 / 김승철	6,000원
77	랑가쥬 이론 서설	L. 옐름슬레우 / 김용숙·김혜련	10,000원
78	잔혹성의 미학	F. 토넬리 / 박형섭	9,000원
79	문학 텍스트의 정신분석	M. J. 벨멩-노엘 / 심재중·최애영	9,000원
80	무관심의 절정	J. 보드리야르 / 이은민	8,000원
81	영원한 황홀	P. 브뤼크네르 / 김웅권	9,000원
82	노동의 종말에 반하여	D. 슈나페르 / 김교신	6,000원
83	프랑스영화사	J.-P. 장콜라 / 김혜련	8,000원

84	조와(弔蛙)	金敎臣 / 노치준·민혜숙	8,000원
85	역사적 관점에서 본 시네마	J. -L. 뢰트라 / 곽노경	8,000원
86	욕망에 대하여	M. 슈벨 / 서민원	8,000원
87	산다는 것의 의미·1—여분의 행복	P. 쌍소 / 김주경	7,000원
88	철학 연습	M. 아롱델-로오 / 최은영	8,000원
89	삶의 기쁨들	D. 노게 / 이은민	6,000원
90	이탈리아영화사	L. 스키파노 / 이주현	8,000원
91	한국문화론	趙興胤	10,000원
92	현대연극미학	M. -A. 샤르보니에 / 홍지화	8,000원
93	느리게 산다는 것의 의미·2	P. 쌍소 / 김주경	7,000원
94	진정한 모럴은 모럴을 비웃는다	A. 에슈고엔 / 김웅권	8,000원
95	한국종교문화론	趙興胤	10,000원
96	근원적 열정	L. 이리가라이 / 박정오	9,000원
97	라캉, 주체 개념의 형성	B. 오질비 / 김 석	9,000원
98	미국식 사회 모델	J. 바이스 / 김종명	7,000원
99	소쉬르와 언어과학	P. 가데 / 김용숙·임정혜	10,000원
100	철학적 기본 개념	R. 페르버 / 조국현	8,000원
101	맞불	P. 부르디외 / 현택수	10,000원
102	글렌 굴드, 피아노 솔로	M. 슈나이더 / 이창실	7,000원
103	문학비평에서의 실험	C. S. 루이스 / 허 종	8,000원
104	코뿔소〔희곡〕	E. 이오네스코 / 박형섭	8,000원
105	지각—감각에 관하여	R. 바르바라 / 공정아	7,000원
106	철학이란 무엇인가	E. 크레이그 / 최생열	8,000원
107	경제, 거대한 사탄인가?	P. -N. 지로 / 김교신	7,000원
108	딸에게 들려 주는 작은 철학	R. 시몬 셰퍼 / 안상원	7,000원
109	도덕에 관한 에세이	C. 로슈·J. -J. 바레르 / 고수현	6,000원
110	프랑스 고전비극	B. 클레망 / 송민숙	8,000원
111	고전수사학	G. 위딩 / 박성철	10,000원
112	유토피아	T. 파코 / 조성애	7,000원
113	쥐비알	A. 자르댕 / 김남주	7,000원
114	증오의 모호한 대상	J. 아순 / 김승철	8,000원
115	개인—주체철학에 대한 고찰	A. 르노 / 장정아	7,000원
116	이슬람이란 무엇인가	M. 루스벤 / 최생열	8,000원
117	테러리즘의 정신	J. 보드리야르 / 배영달	8,000원
118	역사란 무엇인가	존 H. 아널드 / 최생열	8,000원
119	느리게 산다는 것의 의미·3	P. 쌍소 / 김주경	7,000원
120	문학과 정치 사상	P. 페티티에 / 이종민	8,000원
121	가장 아름다운 하나님 이야기	A. 보테르 外 / 주태환	8,000원
122	시민 교육	P. 카니베즈 / 박주원	9,000원
123	스페인영화사	J- C. 스갱 / 정동섭	8,000원
124	인터넷상에서—행동하는 지성	H. L. 드레퓌스 / 정혜욱	9,000원
125	내 몸의 신비—세상에서 가장 큰 기적	A. 지오르당 / 이규식	7,000원

126	세 가지 생태학	F. 가타리 / 윤수종	8,000원
127	모리스 블랑쇼에 대하여	E. 레비나스 / 박규현	9,000원
128	위뷔 왕 〔희곡〕	A. 자리 / 박형섭	8,000원
129	번영의 비참	P. 브뤼크네르 / 이창실	8,000원
130	무사도란 무엇인가	新渡戶稻造 / 沈雨晟	7,000원
131	꿈과 공포의 미로 〔소설〕	A. 라히미 / 김주경	8,000원
132	문학은 무슨 소용이 있는가?	D. 살나브 / 김교신	7,000원
133	종교에 대하여—행동하는 지성	존 D. 카푸토 / 최생열	9,000원
134	노동사회학	M. 스트루방 / 박주원	8,000원
135	맞불·2	P. 부르디외 / 김교신	10,000원
136	믿음에 대하여—행동하는 지성	S. 지제크 / 최생열	9,000원
137	법, 정의, 국가	A. 기그 / 민혜숙	8,000원
138	인식, 상상력, 예술	E. 아카마츄 / 최돈호	근간
139	위기의 대학	ARESER / 김교신	10,000원
140	카오스모제	F. 가타리 / 윤수종	10,000원
141	코란이란 무엇인가	M. 쿡 / 이강훈	9,000원
142	신학이란 무엇인가	D. 포드 / 강혜원·노치준	9,000원
143	누보 로망, 누보 시네마	C. 뮈르시아 / 이창실	8,000원
144	지능이란 무엇인가	I. J. 디어리 / 송형석	10,000원
145	죽음—유한성에 관하여	F. 다스튀르 / 나길래	8,000원
146	철학에 입문하기	Y. 카탱 / 박선주	8,000원
147	지옥의 힘	J. 보드리야르 / 배영달	8,000원
148	철학 기초 강의	F. 로피 / 공나리	8,000원
149	시네마토그래프에 대한 단상	R. 브레송 / 오일환·김경온	9,000원
150	성서란 무엇인가	J. 리치스 / 최생열	10,000원
151	프랑스 문학사회학	신미경	8,000원
152	잡사와 문학	F. 에브라르 / 최정아	10,000원
153	세계의 폭력	J. 보드리야르·E. 모랭 / 배영달	9,000원
154	잠수복과 나비	J. -D. 보비 / 양영란	6,000원
155	고전 할리우드 영화	J. 나카시 / 최은영	10,000원
156	마지막 말, 마지막 미소	B. 드 카스텔바자크 / 김승철·장정아	근간
157	몸의 시학	J. 피죠 / 김선미	10,000원
158	철학의 기원에 관하여	C. 콜로베르 / 김정란	8,000원
159	지혜에 대한 숙고	J. -M. 베스니에르 / 곽노경	8,000원
160	자연주의 미학과 시학	조성애	10,000원
161	소설 분석—현대적 방법론과 기법	B. 발레트 / 조성애	10,000원
162	사회학이란 무엇인가	S. 브루스 / 김경안	근간
163	인도철학입문	S. 헤밀턴 / 고길환	10,000원
164	심리학이란 무엇인가	G. 버틀러·F. 맥마누스 / 이재현	근간
165	발자크 비평	J. 글레즈 / 이정민	10,000원
166	결별을 위하여	G. 마츠네프 / 권은희·최은희	10,000원
167	인류학이란 무엇인가	J. 모나건 外 / 김경안	근간

168	세계화의 불안	Z. 라이디 / 김종명	8,000원
169	음악이란 무엇인가	N. 쿡 / 장호연	10,000원
170	사랑과 우연의 장난 [희곡]	마리보 / 박형섭	10,000원
171	사진의 이해	G. 보레 / 박은영	10,000원
172	현대인의 사랑과 성	현택수	9,000원
173	성해방은 진행중인가?	M. 이아퀴브 / 권은희	10,000원
174	교육은 자기 교육이다	H. -G. 가다머 / 손승남	10,000원
175	밤 끝으로의 여행	L. -F. 쎌린느 / 이형식	19,000원
176	프랑스 지성인들의 '12월'	J. 뒤발 外 / 김영모	10,000원
177	환대에 대하여	J. 데리다 / 남수인	13,000원
178	언어철학	J. P. 레스베베르 / 이경래	10,000원
179	푸코와 광기	F. 그로 / 김웅권	10,000원
180	사물들과 철학하기	R. -P. 드루아 / 박선주	10,000원
181	청소년이 알아야 할 사회경제학자들	J. -C. 드루앵 / 김종명	8,000원
182	서양의 유혹	A. 말로 / 김웅권	10,000원
183	중세의 예술과 사회	G. 뒤비 / 김웅권	10,000원
184	새로운 충견들	S. 알리미 / 김영모	10,000원
185	초현실주의	G. 세바 / 최정아	10,000원
186	프로이트 읽기	P. 랜드맨 / 민혜숙	10,000원
187	예술 작품―작품 존재론 시론	M. 아르 / 공정아	10,000원
188	평화	M. 카스티요 / 상성아	10,000원
189	히로시마 내 사랑	M. 뒤라스 / 이용주	10,000원
190	연극 텍스트의 분석	M. 프뤼네르 / 김덕희	10,000원
191	청소년을 위한 철학길잡이	A. 콩트-스퐁빌 / 공정아	10,000원
192	행복	R. 미스라이 / 김영선	10,000원
193	조사와 방법론: 면접법	A. 블랑셰・A. 고트만 / 최정아	10,000원
300	아이들에게 설명하는 이혼	P. 루카스・S. 르로이 / 이은민	8,000원
301	아이들에게 들려주는 인도주의	J. 마무 / 이은민	근간
302	아이들에게 설명하는 죽음	E. 위스망 페랭 / 김미정	8,000원
303	아이들에게 들려주는 선사시대 이야기	J. 클로드 / 김교신	8,000원
304	아이들에게 들려주는 이슬람 이야기	T. 벤 젤룬 / 김교신	8,000원
305	아이들에게 설명하는 테러리즘	M. -C. 그로 / 우강택	8,000원

【東文選 文藝新書】

1	저주받은 詩人들	A. 뻬이르 / 최수철・김종호	개정근간
2	민속문화론서설	沈雨晟	40,000원
3	인형극의 기술	A. 훼도토프 / 沈雨晟	8,000원
4	전위연극론	J. 로스 에반스 / 沈雨晟	12,000원
5	남사당패연구	沈雨晟	19,000원
6	현대영미희곡선(전4권)	N. 코워드 外 / 李辰洙	절판
7	행위예술	L. 골드버그 / 沈雨晟	절판
8	문예미학	蔡 儀 / 姜慶鎬	절판

9 神의 起源	何 新 / 洪 熹	16,000원
10 중국예술정신	徐復觀 / 權德周 外	24,000원
11 中國古代書史	錢存訓 / 金允子	14,000원
12 이미지 — 시각과 미디어	J. 버거 / 편집부	15,000원
13 연극의 역사	P. 하트놀 / 沈雨晟	절판
14 詩 論	朱光潛 / 鄭相泓	22,000원
15 탄트라	A. 무케르지 / 金龜山	16,000원
16 조선민족무용기본	최승희	15,000원
17 몽고문화사	D. 마이달 / 金龜山	8,000원
18 신화 미술 제사	張光直 / 李 徹	절판
19 아시아 무용의 인류학	宮尾慈良 / 沈雨晟	20,000원
20 아시아 민족음악순례	藤井知昭 / 沈雨晟	5,000원
21 華夏美學	李澤厚 / 權 瑚	20,000원
22 道	張立文 / 權 瑚	18,000원
23 朝鮮의 占卜과 豫言	村山智順 / 金禧慶	28,000원
24 원시미술	L. 아담 / 金仁煥	16,000원
25 朝鮮民俗誌	秋葉隆 / 沈雨晟	12,000원
26 神話의 이미지	J. 캠벨 / 扈承喜	근간
27 原始佛敎	中村元 / 鄭泰爀	8,000원
28 朝鮮女俗考	李能和 / 金尙憶	24,000원
29 朝鮮解語花史(조선기생사)	李能和 / 李在崑	25,000원
30 조선창극사	鄭魯湜	17,000원
31 동양회화미학	崔炳植	18,000원
32 性과 결혼의 민족학	和田正平 / 沈雨晟	9,000원
33 農漁俗談辭典	宋在璇	12,000원
34 朝鮮의 鬼神	村山智順 / 金禧慶	12,000원
35 道敎와 中國文化	葛兆光 / 沈揆昊	15,000원
36 禪宗과 中國文化	葛兆光 / 鄭相泓·任炳權	8,000원
37 오페라의 역사	L. 오레이 / 류연희	절판
38 인도종교미술	A. 무케르지 / 崔炳植	14,000원
39 힌두교의 그림언어	안넬리제 外 / 全在星	9,000원
40 중국고대사회	許進雄 / 洪 熹	30,000원
41 중국문화개론	李宗桂 / 李宰碩	23,000원
42 龍鳳文化源流	王大有 / 林東錫	25,000원
43 甲骨學通論	王宇信 / 李宰碩	40,000원
44 朝鮮巫俗考	李能和 / 李在崑	20,000원
45 미술과 페미니즘	N. 부루드 外 / 扈承喜	9,000원
46 아프리카미술	P. 윌레뜨 / 崔炳植	절판
47 美의 歷程	李澤厚 / 尹壽榮	28,000원
48 曼茶羅의 神들	立川武藏 / 金龜山	19,000원
49 朝鮮歲時記	洪錫謨 外/李錫浩	30,000원
50 하 상	蘇曉康 外 / 洪 熹	절판

51 武藝圖譜通志 實技解題	正　祖 / 沈雨晟・金光錫	15,000원
52 古文字學첫걸음	李學勤 / 河永三	14,000원
53 體育美學	胡小明 / 閔永淑	18,000원
54 아시아 美術의 再發見	崔炳植	9,000원
55 曆과 占의 科學	永田久 / 沈雨晟	8,000원
56 中國小學史	胡奇光 / 李宰碩	20,000원
57 中國甲骨學史	吳浩坤 外 / 梁東淑	35,000원
58 꿈의 철학	劉文英 / 河永三	22,000원
59 女神들의 인도	立川武藏 / 金龜山	19,000원
60 性의 역사	J. L. 플랑드렝 / 편집부	18,000원
61 쉬르섹슈얼리티	W. 챠드윅 / 편집부	10,000원
62 여성속담사전	宋在璇	18,000원
63 박재서희곡선	朴栽緖	10,000원
64 東北民族源流	孫進己 / 林東錫	13,000원
65 朝鮮巫俗의 硏究(상・하)	赤松智城・秋葉隆 / 沈雨晟	28,000원
66 中國文學 속의 孤獨感	斯波六郎 / 尹壽榮	8,000원
67 한국사회주의 연극운동사	李康列	8,000원
68 스포츠인류학	K. 블랑챠드 外 / 박기동 外	12,000원
69 리조복식도감	리팔찬	20,000원
70 娼　婦	A. 꼬르벵 / 李宗旼	22,000원
71 조선민요연구	高晶玉	30,000원
72 楚文化史	張正明 / 南宗鎭	26,000원
73 시간, 욕망, 그리고 공포	A. 코르뱅 / 변기찬	18,000원
74 本國劍	金光錫	40,000원
75 노트와 반노트	E. 이오네스코 / 박형섭	20,000원
76 朝鮮美術史硏究	尹喜淳	7,000원
77 拳法要訣	金光錫	30,000원
78 艸衣選集	艸衣意恂 / 林鍾旭	20,000원
79 漢語音韻學講義	董少文 / 林東錫	10,000원
80 이오네스코 연극미학	C. 위베르 / 박형섭	9,000원
81 중국문자훈고학사전	全廣鎭 편역	23,000원
82 상말속담사전	宋在璇	10,000원
83 書法論叢	沈尹默 / 郭魯鳳	16,000원
84 침실의 문화사	P. 디비 / 편집부	9,000원
85 禮의 精神	柳　肅 / 洪　熹	20,000원
86 조선공예개관	沈雨晟 편역	30,000원
87 性愛의 社會史	J. 솔레 / 李宗旼	18,000원
88 러시아미술사	A. I. 조토프 / 이건수	22,000원
89 中國書藝論文選	郭魯鳳 選譯	25,000원
90 朝鮮美術史	關野貞 / 沈雨晟	30,000원
91 美術版 탄트라	P. 로슨 / 편집부	8,000원
92 군달리니	A. 무케르지 / 편집부	9,000원

93 카마수트라	바짜야나 / 鄭泰爀	18,000원
94 중국언어학총론	J. 노먼 / 全廣鎭	28,000원
95 運氣學說	任應秋 / 李宰碩	15,000원
96 동물속담사전	宋在璇	20,000원
97 자본주의의 아비투스	P. 부르디외 / 최종철	10,000원
98 宗敎學入門	F. 막스 뮐러 / 金龜山	10,000원
99 변 화	P. 바츨라빅크 外 / 박인철	10,000원
100 우리나라 민속놀이	沈雨晟	15,000원
101 歌訣(중국역대명언경구집)	李宰碩 편역	20,000원
102 아니마와 아니무스	A. 융 / 박해순	8,000원
103 나, 너, 우리	L. 이리가라이 / 박정오	12,000원
104 베케트연극론	M. 푸크레 / 박형섭	8,000원
105 포르노그래피	A. 드워킨 / 유혜련	12,000원
106 셸 링	M. 하이데거 / 최상욱	12,000원
107 프랑수아 비용	宋 勉	18,000원
108 중국서예 80제	郭魯鳳 편역	16,000원
109 性과 미디어	W. B. 키 / 박해순	12,000원
110 中國正史朝鮮列國傳(전2권)	金聲九 편역	120,000원
111 질병의 기원	T. 매큐언 / 서 일·박종연	12,000원
112 과학과 젠더	E. F. 켈러 / 민경숙·이현주	10,000원
113 물질문명·경제·자본주의	F. 브로델 / 이문숙 外	절판
114 이탈리아인 태고의 지혜	G. 비코 / 李源斗	8,000원
115 中國武俠史	陳 山 / 姜鳳求	18,000원
116 공포의 권력	J. 크리스테바 / 서민원	23,000원
117 주색잡기속담사전	宋在璇	15,000원
118 죽음 앞에 선 인간(상·하)	P. 아리에스 / 劉仙子	각권 8,000원
119 철학에 대하여	L. 알튀세르 / 서관모·백승욱	12,000원
120 다른 곳	J. 데리다 / 김다은·이혜지	10,000원
121 문학비평방법론	D. 베르제 外 / 민혜숙	12,000원
122 자기의 테크놀로지	M. 푸코 / 이희원	16,000원
123 새로운 학문	G. 비코 / 李源斗	22,000원
124 천재와 광기	P. 브르노 / 김웅권	13,000원
125 중국은사문화	馬 華·陳正宏 / 강경범·천현경	12,000원
126 푸코와 페미니즘	C. 라마자노글루 外 / 최 영 外	16,000원
127 역사주의	P. 해밀턴 / 임옥희	12,000원
128 中國書藝美學	宋 民 / 郭魯鳳	16,000원
129 죽음의 역사	P. 아리에스 / 이종민	18,000원
130 돈속담사전	宋在璇 편	15,000원
131 동양극장과 연극인들	김영무	15,000원
132 生育神과 性巫術	宋兆麟 / 洪 熹	20,000원
133 미학의 핵심	M. M. 이턴 / 유호전	20,000원
134 전사와 농민	J. 뒤비 / 최생열	18,000원

번호	제목	저자 / 역자	가격
135	여성의 상태	N. 에니크 / 서민원	22,000원
136	중세의 지식인들	J. 르 고프 / 최애리	18,000원
137	구조주의의 역사(전4권)	F. 도스 / 김웅권 外	I·II·IV 15,000원 / III 18,000원
138	글쓰기의 문제해결전략	L. 플라워 / 원진숙·황정현	20,000원
139	음식속담사전	宋在璇 편	16,000원
140	고전수필개론	權 瑚	16,000원
141	예술의 규칙	P. 부르디외 / 하태환	23,000원
142	"사회를 보호해야 한다"	M. 푸코 / 박정자	20,000원
143	페미니즘사전	L. 터틀 / 호승희·유혜련	26,000원
144	여성심벌사전	B. G. 워커 / 정소영	근간
145	모데르니테 모데르니테	H. 메쇼닉 / 김다은	20,000원
146	눈물의 역사	A. 벵상뷔포 / 이자경	18,000원
147	모더니티입문	H. 르페브르 / 이종민	24,000원
148	재생산	P. 부르디외 / 이상호	23,000원
149	종교철학의 핵심	W. J. 웨인라이트 / 김희수	18,000원
150	기호와 몽상	A. 시몽 / 박형섭	22,000원
151	융분석비평사전	A. 새뮤얼 外 / 민혜숙	16,000원
152	운보 김기창 예술론연구	최병식	14,000원
153	시적 언어의 혁명	J. 크리스테바 / 김인환	20,000원
154	예술의 위기	Y. 미쇼 / 하태환	15,000원
155	프랑스사회사	G. 뒤프 / 박 단	16,000원
156	중국문예심리학사	劉偉林 / 沈揆昊	30,000원
157	무지카 프라티카	M. 캐넌 / 김혜중	25,000원
158	불교산책	鄭泰爀	20,000원
159	인간과 죽음	E. 모랭 / 김명숙	23,000원
160	地中海	F. 브로델 / 李宗旼	근간
161	漢語文字學史	黃德實·陳秉新 / 河永三	24,000원
162	글쓰기와 차이	J. 데리다 / 남수인	28,000원
163	朝鮮神事誌	李能和 / 李在崑	근간
164	영국제국주의	S. C. 스미스 / 이태숙·김종원	16,000원
165	영화서술학	A. 고드로·F. 조스트 / 송지연	17,000원
166	美學辭典	사사키 겡이치 / 민주식	22,000원
167	하나이지 않은 성	L. 이리가라이 / 이은민	18,000원
168	中國歷代書論	郭魯鳳 譯註	25,000원
169	요가수트라	鄭泰爀	15,000원
170	비정상인들	M. 푸코 / 박정자	25,000원
171	미친 진실	J. 크리스테바 外 / 서민원	25,000원
172	디스탱송	P. 부르디외 / 이종민	근간
173	세계의 비참(전3권)	P. 부르디외 外 / 김주경	각권 26,000원
174	수묵의 사상과 역사	崔炳植	근간
175	파스칼적 명상	P. 부르디외 / 김웅권	22,000원
176	지방의 계몽주의	D. 로슈 / 주명철	30,000원

번호	제목	저자 / 역자	가격
177	이혼의 역사	R. 필립스 / 박범수	25,000원
178	사랑의 단상	R. 바르트 / 김희영	20,000원
179	中國書藝理論體系	熊秉明 / 郭魯鳳	23,000원
180	미술시장과 경영	崔炳植	16,000원
181	카프카 — 소수적인 문학을 위하여	G. 들뢰즈·F. 가타리 / 이진경	18,000원
182	이미지의 힘 — 영상과 섹슈얼리티	A. 쿤 / 이형식	13,000원
183	공간의 시학	G. 바슐라르 / 곽광수	23,000원
184	랑데부 — 이미지와의 만남	J. 버거 / 임옥희·이은경	18,000원
185	푸코와 문학 — 글쓰기의 계보학을 향하여	S. 듀링 / 오경심·홍유미	26,000원
186	각색, 연극에서 영화로	A. 엘보 / 이선형	16,000원
187	폭력과 여성들	C. 도펭 外 / 이은민	18,000원
188	하드 바디 — 할리우드 영화에 나타난 남성성	S. 제퍼드 / 이형식	18,000원
189	영화의 환상성	J.-L. 뢰트라 / 김경온·오일환	18,000원
190	번역과 제국	D. 로빈슨 / 정혜욱	16,000원
191	그라마톨로지에 대하여	J. 데리다 / 김웅권	35,000원
192	보건 유토피아	R. 브로만 外 / 서민원	20,000원
193	현대의 신화	R. 바르트 / 이화여대기호학연구소	20,000원
194	회화백문백답	郭魯鳳	20,000원
195	고서화감정개론	徐邦達 / 郭魯鳳	30,000원
196	상상의 박물관	A. 말로 / 김웅권	26,000원
197	부빈의 일요일	J. 뒤비 / 최생열	22,000원
198	아인슈타인의 최대 실수	D. 골드스미스 / 박범수	16,000원
199	유인원, 사이보그, 그리고 여자	D. 해러웨이 / 민경숙	25,000원
200	공동생활 속의 개인주의	F. 드 생글리 / 최은영	20,000원
201	기식자	M. 세르 / 김웅권	24,000원
202	연극미학 — 플라톤에서 브레히트까지의 텍스트들	J. 셰레 外 / 홍지화	24,000원
203	철학자들의 신	W. 바이셰델 / 최상욱	34,000원
204	고대 세계의 정치	모제스 I 핀레이 / 최생열	16,000원
205	프란츠 카프카의 고독	M. 로베르 / 이창실	18,000원
206	문화 학습 — 실천적 입문서	J. 자일스·T. 미들턴 / 장성희	24,000원
207	호모 아카데미쿠스	P. 부르디외 / 임기대	29,000원
208	朝鮮槍棒敎程	金光錫	40,000원
209	자유의 순간	P. M. 코헨 / 최하영	16,000원
210	밀교의 세계	鄭泰爀	16,000원
211	토탈 스크린	J. 보드리야르 / 배영달	19,000원
212	영화와 문학의 서술학	F. 바누아 / 송지연	22,000원
213	텍스트의 즐거움	R. 바르트 / 김희영	15,000원
214	영화의 직업들	B. 라트롱슈 / 김경온·오일환	16,000원
215	소설과 신화	이용주	15,000원
216	문화와 계급 — 부르디외와 한국 사회	홍성민 外	18,000원
217	작은 사건들	R. 바르트 / 김주경	14,000원
218	연극분석입문	J.-P. 링가르 / 박형섭	18,000원

219 푸코	G. 들뢰즈 / 허 경	17,000원
220 우리나라 도자기와 가마터	宋在璇	30,000원
221 보이는 것과 보이지 않는 것	M. 퐁티 / 남수인·최의영	30,000원
222 메두사의 웃음/출구	H. 식수 / 박혜영	19,000원
223 담화 속의 논증	R. 아모시 / 장인봉	20,000원
224 포켓의 형태	J. 버거 / 이영주	16,000원
225 이미지심벌사전	A. 드 브리스 / 이원두	근간
226 이데올로기	D. 호크스 / 고길환	16,000원
227 영화의 이론	B. 발라즈 / 이형식	20,000원
228 건축과 철학	J. 보드리야르·J. 누벨 / 배영달	16,000원
229 폴 리쾨르 — 삶의 의미들	F. 도스 / 이봉지 外	38,000원
230 서양철학사	A. 케니 / 이영주	29,000원
231 근대성과 육체의 정치학	D. 르 브르통 / 홍성민	20,000원
232 허난설헌	金成南	16,000원
233 인터넷 철학	G. 그레이엄 / 이영주	15,000원
234 사회학의 문제들	P. 부르디외 / 신미경	23,000원
235 의학적 추론	A. 시쿠렐 / 서민원	20,000원
236 튜링 — 인공지능 창시자	J. 라세구 / 임기대	16,000원
237 이성의 역사	F. 샤틀레 / 심세광	16,000원
238 朝鮮演劇史	金在喆	22,000원
239 미학이란 무엇인가	M. 지므네즈 / 김웅권	23,000원
240 古文字類編	高明	40,000원
241 부르디외 사회학 이론	L. 핀토 / 김용숙·김은희	20,000원
242 문학은 무슨 생각을 하는가?	P. 마슈레 / 서민원	23,000원
243 행복해지기 위해 무엇을 배워야 하는가? A. 우지오 外 / 김교신		18,000원
244 영화와 회화: 탈배치	P. 보니체 / 홍지화	18,000원
245 영화 학습 — 실천적 지표들	F. 바누아 外 / 문신원	16,000원
246 회화 학습 — 실천적 지표들	F. 기블레 / 고수현	근간
247 영화미학	J. 오몽 外 / 이용주	24,000원
248 시 — 형식과 기능	J. L. 주베르 / 김경온	근간
249 우리나라 옹기	宋在璇	40,000원
250 검은 태양	J. 크리스테바 / 김인환	27,000원
251 어떻게 더불어 살 것인가	R. 바르트 / 김웅권	28,000원
252 일반 교양 강좌	E. 코바 / 송대영	23,000원
253 나무의 철학	R. 뒤마 / 송형석	29,000원
254 영화에 대하여 — 에이리언과 영화철학 S. 멀할 / 이영주		18,000원
255 문학에 대하여 — 행동하는 지성 H. 밀러 / 최은주		16,000원
256 미학 연습 — 플라톤에서 에코까지 임우영 外 편역		18,000원
257 조희룡 평전	김영회 外	18,000원
258 역사철학	F. 도스 / 최생열	23,000원
259 철학자들의 동물원	A. L. 브라 쇼파르 / 문신원	22,000원
260 시각의 의미	J. 버거 / 이용은	24,000원

261	들뢰즈	A. 괄란디 / 임기대	13,000원
262	문학과 문화 읽기	김종갑	16,000원
263	과학에 대하여 — 행동하는 지성	B. 리들리 / 이영주	18,000원
264	장 지오노와 서술 이론	송지연	18,000원
265	영화의 목소리	M. 시옹 / 박선주	20,000원
266	사회보장의 발명	J. 동즐로 / 주형일	17,000원
267	이미지와 기호	M. 졸리 / 이선형	22,000원
268	위기의 식물	J. M. 펠트 / 이충건	근간
269	중국 소수민족의 원시종교	洪 熹	18,000원
270	영화감독들의 영화 이론	J. 오몽 / 곽동준	22,000원
271	중첩	J. 들뢰즈 · C. 베네 / 허희정	18,000원
272	대담 — 디디에 에리봉과의 자전적 인터뷰	J. 뒤메질 / 송대영	18,000원
273	중립	R. 바르트 / 김웅권	30,000원
274	알퐁스 도데의 문학과 프로방스 문화	이종민	16,000원
275	우리말 釋迦如來行蹟頌	高麗 無寄 / 金月雲	18,000원
276	金剛經講話	金月雲 講述	18,000원
277	자유와 결정론	O. 브르니피에 外 / 최은영	16,000원
278	도리스 레싱: 20세기 여성의 초상	민경숙	24,000원
279	기독교윤리학의 이론과 방법론	김희수	24,000원
280	과학에서 생각하는 주제 100가지	I. 스탕저 外 / 김웅권	21,000원
281	말로와 소설의 상징시학	김웅권	22,000원
282	키에르케고르	C. 르 블랑 / 이창실	14,000원
283	시나리오 쓰기의 이론과 실제	A. 로슈 外 / 이용주	25,000원
284	조선사회경제사	白南雲 / 沈雨晟	30,000원
285	이성과 감각	O. 브르니피에 外 / 이은민	16,000원
286	행복의 단상	C. 앙드레 / 김교신	20,000원
287	삶의 의미 — 행동하는 지성	J. 코팅햄 / 강혜원	16,000원
288	안티고네의 주장	J. 버틀러 / 조현순	14,000원
289	예술 영화 읽기	이선형	19,000원
290	달리는 꿈, 자동차의 역사	P. 치글러 / 조국현	17,000원
291	매스커뮤니케이션과 사회	현택수	17,000원
292	교육론	J. 피아제 / 이병애	22,000원
293	연극 입문	히라타 오리자 / 고정은	13,000원
294	역사는 계속된다	G. 뒤비 / 백인호 · 최생열	16,000원
295	에로티시즘을 위한 즐기기 위한 100가지 기본 용어	J. -C. 마르탱 / 김웅권	19,000원
296	대화의 기술	A. 밀롱 / 공정아	17,000원
297	실천 이성	P. 부르디외 / 김웅권	19,000원
298	세미오티케	J. 크리스테바 / 서민원	28,000원
299	앙드레 말로의 문학 세계	김웅권	22,000원
300	20세기 독일철학	W. 슈나이더스 / 박중목	18,000원
301	횔덜린의 송가 〈이스터〉	M. 하이데거 / 최상욱	20,000원
302	아이러니와 모더니티 담론	E. 벨러 / 이강훈 · 신주철	16,000원

303	부알로의 시학	곽동준 편역 및 주석	20,000원
304	음악 녹음의 역사	M. 채넌 / 박기호	23,000원
305	시학 입문	G. 데송 / 조재룡	26,000원
306	정신에 대해서 — 하이데거와 물음	J. 데리다 / 박찬국	20,000원
307	디알로그	G. 들뢰즈·C. 파르네 / 허희정·전승화	20,000원
308	철학적 분과 학문	A. 피퍼 / 조국현	25,000원
309	영화와 시장	L. 크레통 / 홍지화	22,000원
310	진정성에 대하여	C. 귀논 / 강혜원	18,000원
311	언어학 이해를 위한 주제 100선	G. 시우피·D. 반람돈크 / 이선경·황원미	22,000원
312	영화를 생각하다	S. 리앙드라 기그·J.-L. 뢰트라 / 김영모	20,000원
313	길모퉁이에서의 모험	P. 브뤼크네르·A. 팽키엘크로 / 이창실	12,000원
314	목소리의 結晶	R. 바르트 / 김웅권	24,000원
1001	베토벤: 전원교향곡	D. W. 존스 / 김지순	15,000원
1002	모차르트: 하이든 현악 4중주곡	J. 어빙 / 김지순	14,000원
1003	베토벤: 에로이카 교향곡	T. 시프 / 김지순	18,000원
1004	모차르트: 주피터 교향곡	E. 시스먼 / 김지순	18,000원
1005	바흐: 브란덴부르크 협주곡	M. 보이드 / 김지순	18,000원
1006	바흐: B단조 미사	J. 버트 / 김지순	18,000원
1007	하이든: 현악4중주곡 Op.50	W. 딘 주트클리페 / 김지순	18,000원
2001	우리 아이들에게 어떤 지표를 주어야 할까?	J. L. 오베르 / 이창실	16,000원
2002	상처받은 아이들	N. 파브르 / 김주경	16,000원
2003	엄마 아빠, 꿈꿀 시간을 주세요!	E. 부젱 / 박주원	16,000원
2004	부모가 알아야 할 유치원의 모든 것들	N. 뒤 소수아 / 전재민	18,000원
2005	부모들이여, '안 돼'라고 말하라!	P. 들라로슈 / 김주경	19,000원
2006	엄마 아빠, 전 못하겠어요!	E. 리공 / 이창실	18,000원
3001	《새》	C. 파글리아 / 이형식	13,000원
3002	《시민 케인》	L. 멀비 / 이형식	13,000원
3101	《제7의 봉인》 비평 연구	E. 그랑조르주 / 이은민	17,000원
3102	《쥘과 짐》 비평 연구	C. 르 베르 / 이은민	18,000원
3103	《시민 케인》 비평 연구	J. 루아 / 이용주	15,000원
3104	《센소》 비평 연구	M. 라니 / 이수원	18,000원

【기 타】

▨ 모드의 체계	R. 바르트 / 이화여대기호학연구소	18,000원
▨ 라신에 관하여	R. 바르트 / 남수인	10,000원
▨ 說 苑 (上·下)	林東錫 譯註	각권 30,000원
▨ 晏子春秋	林東錫 譯註	30,000원
▨ 西京雜記	林東錫 譯註	20,000원
▨ 搜神記 (上·下)	林東錫 譯註	각권 30,000원
■ 경제적 공포(메디치賞 수상작)	V. 포레스테 / 김주경	7,000원
■ 古陶文字徵	高 明·葛英會	20,000원
■ 그리하여 어느날 사랑이여	이외수 편	4,000원

■ 너무한 당신, 노무현	현택수 칼럼집	9,000원
■ 노력을 대신하는 것은 없다	R. 쉬이 / 유혜련	5,000원
■ 노블레스 오블리주	현택수 사회비평집	7,500원
■ 딸에게 들려 주는 작은 지혜	N. 레흐레이트너 / 양영란	6,500원
■ 미래를 원한다	J. D. 로스네 / 문 선·김덕희	8,500원
■ 바람의 자식들—정치시사 칼럼집 현택수		8,000원
■ 사랑의 존재	한용운	3,000원
■ 산이 높으면 마땅히 우러러볼 일이다	유 향 / 임동석	5,000원
■ 서기 1000년과 서기 2000년 그 두려움의 흔적들	J. 뒤비 / 양영란	8,000원
■ 서비스는 유행을 타지 않는다	B. 바게트 / 정소영	5,000원
■ 선종이야기	홍 희 편저	8,000원
■ 섬으로 흐르는 역사	김영회	10,000원
■ 세계사상	창간호~3호: 각권 10,000원 / 4호:	14,000원
■ 손가락 하나의 사랑 1, 2, 3	D. 글로슈 / 서민원	각권 7,500원
■ 십이속상도안집	편집부	8,000원
■ 얀 이야기 ① 얀과 카와카마스	마치다 준 / 김은진·한인숙	8,000원
■ 어린이 수묵화의 첫걸음(전6권)	趙 陽 / 편집부	각권 5,000원
■ 오늘 다 못다한 말은	이외수 편	7,000원
■ 오블라디 오블라다, 인생은 브래지어 위를 흐른다	무라카미 하루키 / 김난주	7,000원
■ 이젠 다시 유혹하지 않으련다	P. 쌍소 / 서민원	9,000원
■ 인생은 앞유리를 통해서 보라	B. 바게트 / 박해순	5,000원
■ 자기를 다스리는 지혜	한인숙 편저	10,000원
■ 천연기념물이 된 바보	최병식	7,800원
■ 原本 武藝圖譜通志	正祖 命撰	60,000원
■ 테오의 여행 (전5권)	C. 클레망 / 양영란	각권 6,000원
■ 한글 설원 (상·중·하)	임동석 옮김	각권 7,000원
■ 한글 안자춘추	임동석 옮김	8,000원
■ 한글 수신기 (상·하)	임동석 옮김	각권 8,000원

【만 화】

■ 동물학	C. 세르	14,000원
■ 블랙 유머와 흰 가운의 의료인들	C. 세르	14,000원
■ 비스 콩프리	C. 세르	14,000원
■ 세르(평전)	Y. 프레미옹 / 서민원	16,000원
■ 자가 수리공	C. 세르	14,000원
▨ 못말리는 제임스	M. 톤라 / 이영주	12,000원
▨ 레드와 로버	B. 바세트 / 이영주	12,000원